ハイテク企業のトップは、なぜ、わが子からスマホを遠ざけるのか

――学校図書館の使命と可能性――

渡辺鋭氣

はじめに

西暦二〇二三年は、学校図書館法が公布されて七〇年の節目にあたる。この七〇年のあいだ、時代の波に翻弄《ほんろう》されながらも、学校図書館は子どもたちの読書や学習、情報などの諸活動に貢献し、健全な教養の育ちを支えてきた。教育現場の教師や学校司書の日常の努力の積み重ねが、それを可能にしてきたのだが、それは決して平坦な道のりではなかった。

この本の第一章に「学校図書館の使命と可能性」を置いたのは、デジタルスクリーン（タブレット端末、インターネット、パソコン、ゲーム、スマホ、メール）などが学校の教育現場までも席巻《せっけん》した現在、学校図書館はいよいよ大切な使命を帯《お》びることになったという問題意識からである。二一世紀に入って新しく登場した情報環境は、これまでの環境変化の要因とはまったく異なるものである。デジタルスクリーン時代の子どもたちに求められているのは、瞬時にあふれでる情報を取捨選択して読み解き、真贋《しんがん》を見きわめる新しい能力であり、これを教科書の授業だけで育成できると考える人は少ないだろう。やはり学校図書館の図書資料、新聞資料、デジタル資料、バリアフリー資料などを活用した授業の展開が必要であることは、多くの人が実感しているにちがいない。

学校図書館を活用した授業を成功させるには、学校司書の協力が欠かせない。第二章に「改革の鍵を握る学校司書の仕事」をもってきたのは、学校司書の使命の大きさを想うからである。

学校図書館が図書購入や図書更新といった、絶えざる質の成長と発展をとげるには、持続した学校図書館革命の取り組みが必要である。学校図書館革命というと、なにを大げさな、と思われるかもしれないが、少しも大げさなことではなく、図書館の現状を革《あらた》めることであって、それ以上でもそれ以下でもない。

その鍵は、学校司書の配置と、落ちついて働くことのできる環境の整備にある。文部科学省や自治体の調査でも、学校司書の配置により、学校図書標準の達成率や古い図書の更新をはじめ、子どもたちの図書館利用度が高まることが裏づけられている。これは、本書の大きなテーマである。

書物が人間に与える影響の大きさについても、ともに考えたいと思う。読書の習慣は、おとなの膝《ひざ》の上から始まると言われるほど、幼児期の読み語りは無限の効用がある。それも本書のテーマである。

アメリカのＩＴ企業のトップは、世界の子どもたちにデジタル機器を売りこみ、爆発的に普及させる一方で、わが子からスマホなどのデジタルスクリーンを遠ざけている。それはなぜなのか。本書のタイトルはその素朴な疑問からつけられた。その疑問を解くため第四章では、デジタルスクリーンの常用が子どもに、ひいては人間にどのような影響をもたらすのか、内外の科学的知見を紹介している。専門家たちは一様に人間の脳に対するダメージの大きさを指摘している。

二一世紀は、「データ資本主義」の時代だとも言われている。デジタルスクリーンを媒介に個人情報が堆積され、そのデータが莫大《ばくだい》な収益を生みだしており、その網から子どもも逃れることはできない。第五、第六章では、子どもたちの明日を、どのようなものとして描き、どう対応するかについても考えてみたいと思う。

第七章ではデジタルスクリーンの急成長で、地盤沈下を始めた国語力にふれている。日本人の読解力、国語力の低下は、国力の衰退に結びつく現代的な課題である。この課題にも思いを寄せてみたい。

これまではおなじ考え方、おなじ価値観を共有する者たちだけでも生きていくことができた。しかし二一世紀は、世界の多様な人びとと共存していくことが必須の時代となる。身近なところでは、長きにわたって読書文化から突きはなされてきた「障害児・障害者」たちも、自ら行動を起こし、読書バリアフリー法の制定にまでこぎつけた。

これによって、日本国民はひとしく読書文化の恩恵を共有する社会への扉の前に立ったことになる。第八章、第九章ではその経緯と意義について整理し、今後の政策課題として提出している。あとはみんなの力で、この扉を押しあけて、新しく吹く風を共有したいものと思う。

ハイテク企業のトップは、なぜ、わが子からスマホを遠ざけるのか

——学校図書館の使命と可能性——

渡辺鋭氣

目次

第八章　読むとき、生きる力が育つ――197

第一章

学校図書館の使命と可能性

■障害のある子どもとの出会いから始まった

二つの文書が戦後日本の教育の土台をつくった。

一九四五年八月一五日、日本はながい戦時体制から解放され、民主主義と自由の道を歩きはじめた。古い上着を脱ぎすて、衣替えする季節が、ようやくやってきたのだ。軍部に支配されていた学校教育は、暗い谷間から日ざしの輝く稜線に引きあげられたような趣《おもむき》があった。

教師が主役だった授業から子どもが主役の授業へと、学校教育の舞台が回りはじめたのである。この大舞台を用意したのは、二つの文書だった。一つめの文書はGHQ（連合国軍最高司令官総司令部）の求めで、占領下の日本に派遣されてきたアメリカ教育使節団の報告書であり、もう一つは、文部省（文部科学省の前身）が作成した『学校図書館の手引』である。

学校図書館法は、この二つの文書を母体に生まれたのだった。この法規が誕生するまでのことを叙述するにあたり、日本の教育制度から冷遇されてきた子どもたちのことを、まず記しておかなければならない。障害のある子どもたちのことである。障害のある子どもたちは存在そのものが〝社会とはなにか〟〝学校教育とはなにか〟を問いつづけている。わたし自身の価値観（思考・表現・政策・想像力など）も、この子どもたちとのふれあいを通じて、かたちづくられたように思う。

戦後の民主教育の展開は、この子どもたちを地域の学校から排除することを基本に、実施されてきている。日本の学校教育の軌道を敷いた『アメリカ教育使節団報告書』も、「障害」のある子どもたちの姿はとらえていない。

わが国で障害のある人たちが、自らの存在を、言葉と行動で表現しはじめたのは、一九七〇年代に入ってからだった。障害者が求めたものは、市井《しせい》の人びとから見ると、拍子ぬけするほどに素朴なものであった。養護学校ではなく、地域の学校に行きたいとか、バスに乗って移動したいとか、市井の人びとが、ふだん手にしている生活の手段を求めていたからだ。

障害者は、そうした生活手段を根こそぎ奪われた状態にあった。学校選択や居住地の選択、さらには移動の自由も持たされていなかった。障害者に対する社会生活の規制は、人間の尊厳をいちじるしく傷つけることだったが、世間の人びとは、それに気づかないまま暮らしてきた。わたしも、わたしの家族も気づかない人の側の仲間だった。

わたしは、埼玉・川口市に住む脳性まひの男性と知りあったことを機に、障害児の小さな声を拾いあげて新聞に記事を書くため、長崎、大阪、静岡、奈良、山梨、北海道などの地域に出向いた。その取材を通じて、障害児といっても知的障害、肢体《したい》不自由、身体虚弱、弱視、難聴、言語障害、自閉症、情緒障害など、一人ひとりにはそれぞれの個性があることを知った。

この子たちに社会の視線は冷たかった。「障害児が生まれるのは、あの家の遺伝だ」「親が悪いことをしたからだ」など、なんの根拠もなしに、偏見にあふれた乱暴な言葉を口にする複数の女性とも出会った。

世間の目に耐えかねて、この子を道連れにして死のうと思ったことが幾度もあるという母親がいた。障害のあるわが子のいのちの輝きがまぶしいと、深い慈愛を語る母親もいたし、この子を産んで、わたしは幸せだったという母親もいた。

一九七〇年代は、仕事の大半を障害者たちとのつき合いですごしていた。障害のある子どもは、兄や姉が通学する学校に自分も行きたいと熱望し、親もまた、兄や姉、そして幼馴染《おさななじみ》とおなじ学校に通わせたいと、普通小学校、中学校への就学運動を続けていた。

障害のある子どもは、就学健診のときに障害の種類と程度に応じて、盲学校、聾《ろう》学校、養護学校にふるい分けられ、分離入学を強制された。しかし分離教育の不条理に声をあげる保護者は少なく、普通小学校への就学運動に加わったものは、氷山の一角にすぎなかったように思う。それでも、その声は歴史を動かしたのだった。

この子たちの悲しみや怒りを、代弁も代行もできない自分に、わたしはどうしようもないもどかしさを感じていた。わたしはこのころ、三〇歳を超えたばかりで、もののあわれを知る人生は、ここから始まったような気がする。

分離教育は、障害児・障害者に対する差別観をあらわす、典型的な事例の一つである。春、晴れがましく小学校の校門をくぐる、ランドセルを背負った子どものなかに、障害児の姿はなかった。ここに来るまえに選別されていたから、校門を入ることはないのだ。障害児がこの地域にいることさえ、子どもも教師も知る機会のないまま、入学式は行われる。

この春の風景は、障害者差別というものが、地域社会で育ち、生きる権利を剝奪《はくだつ》された状態を指すものであることを教えてくれる。この差別の仕組みをなきものにして、多様な人びとが一緒に生きる社会の姿を求め、政治の世界でそれを表現したのは、北欧の国々だった。

スウェーデンの社会民主労働者党政権は、一九七〇年代に入ると、ノーマライゼーション（社会の正常化）を政策の理念とし、障害者の生きる場を大規模収容施設や精神病院から地域に移したのだった（第九章で詳述）。これが社会の正常化に向かう一つの姿だった。このころ、日本の社会はそれとは逆に障害者を隔離する、養護学校や社会福祉施設の増設を求める世論が主流を占めていた。

障害者の運動は、障害のある人とない人を分けて教育することは、社会の分断につながるので、統合する必要があるという考え方をひろめるきっかけとなった。障害者たちの戦いは、ノーマライゼーションを土台にさらにすすみ、インクルーシブ教育へと進化していく。

すべての子どもが学校、おなじ教室でおなじ時間をすごす時間を確保する。それが日常的なことになれば、お互いをよく理解しあえるようになる。インクルーシブ教育をそのようなものとして、わたしは理解している。

こうした教育思想の普及もあって、障害児教育の制度も変化してきた。二〇〇一年一月に、文部省と科学技術庁が統合されて文部科学省と名称も変更され、その際、それまでの養護学校、盲学校、聾学校といった障害の種類や程度による分類に代えて、障害のある子どもの教育は普通学校、特別支援学校、特別支援学級、通級指導教室など、多様な方法で行われている。支援学校、支援学級が将来にわたっても必要かは、国民的な論議を要するだろう。その間、「障害」のある子が普通学級へ、障害のない子が支援学校や支援学級へ通うといった、相互乗り入れの選択肢があってもいいと思う。分離の壁をなくすことがインクルーシブ教育の完成した一つの姿であろう。

わたしが障害者の生き方や北欧の政策から学んだのは、「多様性と共生」であり、それがわたし自身の基本価値となった。「多様性と共生」は現在、この星のすべての国、そこに生きる、すべての人びとの共通のテーマとなっている。

■学校図書館活用教育が衆議院本会議で提案される

一九八〇年代に入ると、わたしの職は、新聞に記事を書く仕事から、政党の政治方針や基本政策をまとめる仕事にかかわった。衆議院本会議の代表質問などの起草も、仕事の守備範囲に入った。

代表質問のなかに、学校図書館を活用した教育の重視を求める提案を書きこんだこともあった。代表質問は、衆参両院の本会議で、総理の施政方針や所信表明の演説内容をただし、質問者自身の政策や所見を述べるもので、国会という言論の府では、もっとも注目される演説といっていい。

非自民八党派連立内閣が発足し、三八年間にわたる自民党単独政権に幕がおりたのは、一九九三年八月九日のこと。連立政権の初代の総理は、日本新党代表の細川護熙《ほそかわもりひろ》さんであり、施政方針演説に対する代表質問に立ったのは、連立与党を代表し、与党第一党である日本社会党の赤松広隆《あかまつひろたか》書記長だった。わたしは党の政策担当役員として、赤松書記長を補佐する立場にあったので、代表質問の起草も担当した。

新しい政権は、新しい学校教育の政策を創造しなければならない。たとえば情報処理能力や思考力、表現力を養うには、教科書だけでなく、学習資料の豊かな学校図書館を利用した、授業の取り組みが必要である。だが、いまのカリキュラムには、その視点が欠けており、代表質問でふれたらどうかと、赤松さんに提案すると、四四歳の若き書記長はすぐに了解した。

赤松さんは衆議院本会議で「調査や発見という子どもの自己学習力の向上を考えたとき、これからの学校教育は学校図書館を活用したものにしなければならない」と細川総理の見解を求めた。総理は「学校図書館は、子どもの知的な活動をうながし、人格の形成や情操を養ううえで必要な役割を担《にな》っている。情報化がすすむなかで、子どもたちが自ら情報を活用し学習をすすめていく力を育てるうえでも、図書館の果たす役割は大きなものがある。学校図書館の充実に期待する」と答弁した。

衆議院本会議で、学校図書館のことを話題にしてもらえないかと、党本部のわたしのところに依頼に来られたのは、当時、参議院議員の肥田美代子《ひだみよこ》さんと、日本児童図書出版協会の小峰紀雄《こみねのりお》さんだった。一九八九年の参議院選挙で当選した肥田さんは、それまでも文教委員会(文部科学委員会の前身)で、読書環境整備や学校図書館改革の政策を提起していた。一九九六年に衆議院議員に転じたあとも、おなじテーマで政策づくりに対する努力は続けられた。

わたしは、一九九六年一〇月に政党役員を任期半ばで退任し、ある民間シンクタンクへの転職を準備していたとき、友人が幹部職にある肥田さんの支持団体から政策秘書の就任を依頼され、「三か月」の約束で引きうけたのだが、およそ一〇年近く働くことになった。

政策秘書の仕事は、政策立案、スピーチや講演の草稿、国会質問に必要な資料収集・整理、質問項目の整理、議員提出法案の起案、依頼原稿の処理までと幅はひろい。議員会館の退館放送が聞こえてきても、聞こえないふりして質問や文章づくりに取りくんだ。肥田さんは、一九八九年から二〇〇五年までの、およそ一五年の国会議員時代とその後の活動で、実に多くの仕事をかたちとして残された。

子ども国会の開催、学校図書館図書整備等五か年計画の策定、弱視児の拡大教科書の無償化、子ども読書年に関する国会決議、国立国際子ども図書館の設立、子どもゆめ基金の創設、学校図書館法改正による司書教諭配置の義務化、子どもの読書活動推進に関する法律、文字・活字文化振興法の制定、二〇一〇年国民読書年の国会決議、学校図書館議員連盟の創設、学校司書の法制化、読書バリアフリー法の提唱などである。

もちろん、こうした大仕事が一人でできるはずもない。そのおおかたは、活字文化議員連盟、子どもの未来を考える議員連盟、学校図書館議員連盟との協同作業で仕上げたものだった。国の制度・政策にかかわる仕事は、わたしの楽しみでもあり、誇《ほこ》りでもあった。四〇年近く国会とその周辺で仕事してきたが、仕事が嫌になったり、落ちこんだりすることは一度もなかった。

■こんな時代だからこそ学校図書館が必要

一九五三年八月八日に公布された学校図書館法は、二〇二三年に七〇周年を迎えた。人の生涯に当てはめてみると、古希のお祝いの年にあたるわけである。日本の学校教育の方向性や内容にかかわる法律は、教育基本法、学校教育法、学校図書館法の三本が主たるものだが、有斐閣の『六法全書』(平成二五年度版)には三本のうち、学校図書館法だけが載っていない。『六法全書』に掲載するかどうかは、編集者の判断で決めていいことだから、とやかく言える筋合いのものではないけれど、軽い扱いを受けていることだけは事実だ。

これは、教育行政を担当する人たちや教育現場の教師のあいだに、学校図書館法、学校図書館の教育的な意義が浸透していないという事情も影響しているように思う。過去、学校図書館が教育改革のかなめとして、とらえられたこともあったが、学校図書館の使命に対する認識は定着しなかった。それほどに根強く、教科書を中心とした授業のスタイルが染みこみ、教科書以外の文章や資料を使った授業には、考えが及ばなかったのであろう。

いま、時代は大きく変わった。ビッグデータやデジタル機器を活用した学校教育が普通のことになっている。人工知能やデジタル機器の普及に象徴されるように先端技術が、社会生活のあらゆる分野で急激に普及し、子どもたちには、情報処理能力という新しい力が必要となった。

そういう力は、人類が誕生したときから、求められていることだという向きもあるかもしれない。まさにその通りで　いつの時代にも情報処理能力は必要とされてきた。学校で教えられる算数や国語、社会や理科といった教科書にも、情報がつめこまれている。社会生活でもいろいろな情報にふれ、無意識のうちに情報処理の方法を学んでいる。情報処理能力は、いまも昔も一人ひとりの人生の質に、大きな影響をもたらしているのである。

しかし、これまでの情報環境と、二〇〇〇年代のそれとは大きな違いがある。その違いとは、デジタルメディアと紙のメディアとが共生する時代に、わたしたちは生きているということである。

紙の本や新聞は、複数の人たちがチェックするので、正確な情報という安心感があった。瞬時に、大量の情報を提供するスマホやネット上の文章は、チェック機能が働いていないから、真贋の見分けがつきにくい。真実か嘘かを見分ける読解力が求められるのであり、その力を育てる身近な場所が学校図書館なのだ。

学校図書館は、読書・学習・情報のセンターという多機能を持ち、情報処理能力を学ぶのにもっとも適したところであり、現在、進行しているGIGAスクール構想の教育実践にふさわしい教育機能を備えた知の空間なのだ。その学校図書館をまもり育てるのが、学校図書館法の使命である。

学校図書館法が制定されたとき、わたしは一〇歳、小学校三年生だったが、ずっとのちになって、教師たちが、この法律の制定運動の中心にいたことを知った。学級担任でテニスも朗読も上手だった、あの若い女の先生も、学校図書館法制定運動の闘士だったかもしれないと想像し、教師への深い尊敬と愛情を感じたものである。学校図書館を教育のど真ん中におこうと考えた教師たちの運動を、真正面から受けとめ、立法府で奔走《ほんそう》したのは超党派の国会議員たちだった。

アジア太平洋戦争で日本が敗北し、白旗をかかげて無条件降伏したのは、一九四五年だった。広島、長崎への原爆投下や、焼夷弾で焼きつくされた列島のあの街やあの山河が、復興の途上にあったころ、学校図書館法の制定に向けた運動は始まっている。本好きで読書好きな教師たちが、運動の音《おん》頭《ど》をとったのだった。

■学校図書館法を求めて戦う教師たち

学校図書館法案は、教師たちの戦いを背後にして超党派の議員たちが提案する。中学校の社会科で教わることではあるけれど、議会制民主主義の日本では、行政府の内閣と、国民の代表として選挙で選ばれた国会議員だけが、法律を提案できる仕組みになっている。前者は閣議決定法案（閣法）、後者は議員提出法案（議員立法）と呼ばれる。

教育基本法、学校教育法、学校図書館法の三法は、政令や条令、規則などではなく、この国の教育のかたちを表現した国法である。そのうち、学校図書館法だけが内閣提出法案ではなく、超党派議員によって提出され、可決された議員立法であり、その意味でもっとも民主的な方法で仕上がった法律といえるだろう。

政党はそれぞれの思想を持ち、政策理念や政治運営の手法にも違いがある。国会では政策や政治運営をめぐり、口ぎたなくののしりあうこともあれば、お互いを悪玉としてわりきり、攻撃することもめずらしいことではない。自覚と自分の存在価値を国民にアピールするには、そうした言論の応酬もやむを得ないことである。それだけに超党派による法案提出は、ていねいな論議の積み上げがなければ、合意に達することはできないのだ。

すこし横道にそれるが、異なる意見をまとめるためには、舞台裏で汗水を流す役回りの人が必要である。国会や政党だけでなく、企業やそのほかの組織にも、物ごとをまとめるために舞台裏で動く、黒衣《くろご》と呼ばれる人がいるはずだ。この人たちの仕事の成功は、表舞台の者たちの成果となるのだが、黒衣は仕事が成功すれば、それでいいのであって、だれの成果になるかは問題ではない。

わたしは政党本部や議員秘書として、四〇年近く国会のある東京・永田町で働いたせいで、根回しのうまい人を幾人も見てきた。秘密を守る鉄則をよく心得た人たちで、身内の者にも手の内を見せることはなかった。秘密をもらさない方法は、「ここまでは話してもいい」ではなく、「なにを話さないか」を、最初に自ら決めておくということだった。「ここまでは話してもいい」と思っていると、巧みな質問に乗せられて、ついつい話の内容がひろがってしまうというのだ。

そのことは、黒衣の役回りを担ってきた経験知から、わたしにも実感できる。政治方針や基本政策の調整、国会議員の不祥事や差別発言の後始末まで、黒衣の仕事は多様だった。舞台裏での調整は成功することもあれば、不発に終わることもある。不発に終わっても落ちこむことはなかったし、失敗は、次の仕事の肥料として肩にかつぎ、新しい耕地にまけばいいだけのことだ。「登山道を外《はず》れ、けもの道に踏みこんだな」と思ったらあわてずに、歩いてきた道を引きかえし、いまいちど、自分の向かうルートハンティングを行う。山歩きのおきてと、なんら変わるところはないのである。

話を学校図書館法にもどそう。この法律が公布されたとき、多くの国民は喝采《かっさい》し、欧米や北欧の国々からは、子どもの将来への投資として評価され、大きな影響を与えたと伝えられている。

■学校図書館法は世界の人びとの希望だった

学校図書館法が、世界の人びとの心に響いた事情は、どこにあったのだろう。わたしは、こう考えている。どこの国の学校にも、図書館ばかりでなく、校地、校舎、運動場、保健室、プール、体育館、教職員室など、子どもたちの学校生活に必要な設備が整えられており、そのうち、図書館だけを独立した法律でまもることにした、日本の先駆的な取り組みが評価されたのではないか、と。

学校図書館法はまた、学校図書館が教育の中心にあることを内外に宣言し、条文でも「学校図書館が、学校教育において欠くことのできない基礎的な設備である」とし、「その健全な発達を図り、もって学校教育を充実することを目的とする」と明記された。この目的も、世界の人びとに新鮮なものを感じさせたにちがいない。日本では、教科書以外の参考資料で勉強したり、教科書以外の本を読んだりすることが、罪悪視される時代がながく続いていたので、学校図書館法の目的に、当時の人びとは新鮮さを感じたことだろう。

かえりみて、日本の学校教育の道のりは、どのようなものだったのか。一八七二年の学制公布このかた、子どもたちが自主的に学び、考え、判断するといった自立心を育てる教育とは、遠く離れたものであった。公教育は、その一歩を踏みだしたときから、国家の強い圧力に押され、教育の成果も、画一化がどこまで促進されたかを測るところにあった。

学制公布から一八年後の一八九〇年には、教育の基本方針として教育勅語が発令される。この勅語では道徳の根本は、天皇につかえて国に奉仕することだといい、天皇崇拝を国民に浸透させる役割を担った。

一九三一年の満州事変から、アジア太平洋戦争の敗戦までの一五年間は、軍国主義に支配され、教師たちは否応《いやおう》もなく、あるいは自ら使命感に燃え、戦争賛美の意識を少年少女に教えこみ、教え子を戦場に送りだした。それはまた、官僚的な統制のもとで、教師も学びの自由や権利を奪われ、知性や創意による授業が許されなかった時代の表現でもあった。

学校図書館法の制定に向かった、教師たちの心のうちには、そうした教育行為への深い反省がこめられていたにちがいない。それだから、この運動の地下水脈には、過去の悪しき制度や政策を否定するだけでなく、戦後民主主義の視点から学校教育を立てなおそうという、心意気があったように思われる。

戦後民主主義と称されるものは、注記ふうに言えば、一九四五年までの軍国主義、つまり軍部独裁が終わり、議会制民主主義のレールが敷かれたという形式のことだけでなく、武器を持たず軍隊も持たず、永遠に戦争を放棄し他国を侵略しないという、一九四七年に公布された、新しい日本国憲法の理念を言うのである。

さらに、民主主義とはなにかと問われるならば、人びとがあらゆる抑圧から解放され、自分の思想や信条を、自分の言葉で表現する自由を獲得するための行為だ、とわたしは答える。その答えに照らしあわせるとき、学校図書館は、言論・出版活動が生みだす文化的所産の集積された知の宝庫であり、そこはまさに、戦後民主主義のシンボルとしてとらえることができるだろう。学校図書館法の制定運動は、学校教育の新しい構造をつくりだそうとする、歴史的な営みでもあったのだ。

■『アメリカ教育使節団報告書』と民主主義教育

この章の冒頭でふれたことだが、学校教育を方向づける二つの重要な文書、一九四六年の『アメリカ教育使節団報告書』と、一九四八年に文部省が刊行した『学校図書館の手引』は、現在もなお、その生命力を放っている。

アメリカ教育使節団は、GHQ（連合国軍最高司令官総司令部）の求めで、一九四六年三月に来日した。GHQは、アジア太平洋戦争が終わった一九四五年に、戦後処理と対日占領政策を遂行するために配置され、その期間は、サンフランシスコ講和条約が発効される一九五二年までとされた。

教育使節団は、イリノイ大学名誉総長のジョージ・D・ストッダードを団長に、米国の著名な文化人類学者、心理学者、教育学者など知識人二七名で構成され、約一か月間にわたって日米協同で、学校教育の調査を実施した。

ＧＨＱに提出された報告書は、軍国主義的な教育上の特徴を排除する方向性を提示しただけでなく、一〇〇年の大計ともいうべき、教育制度を設計したものになっていた。一九四七年の三月に公布された教育基本法や学校教育法、それに基づいて、六・三・三・四年制、男女共学、義務教育の無償化、教育の機会均等といった法制度や政策は、七五年後の現在もなお、日本の教育制度として機能している。これに代わるものを創造する気配は、いまのところ感じられない。

少し報告書に分け入ってみると「序論」は、教育改革の基本方向について、次のように述べる。

われわれの最大の希望は子供たちにある。子供たちは、まさに未来の重みを支えているのであるから、重苦しい過去の因襲に抑圧《よくあつ》されるようなことがあってはならない。だから、われわれは、悪い教育を止《や》めさせるばかりでなく、できる限り、子供の心情を硬化させることなくその精神を啓発する教師や学校を準備し、教育の機会均等を計《はか》るようにするつもりである。（中略）教師の最善の能力は、自由の雰囲気《ふんいき》の中でのみ栄えるものである。この雰囲気を備えてやるのが教育行政官の務《つと》めであり、決してこの逆ではない。子供たちの測《はか》り知れない資質は、自由主義の陽光の下でのみ豊かな実を結ぶ。この光を供するのが教師の務《つと》めであり、決してこの逆ではないのである。

『アメリカ教育使節団報告書』（村井実全訳解説・講談社・一九七九年）

ちなみに民主主義に基盤を置く教育とは、①個人の価値と尊厳と認識を基本とし、各人の能力と適性に応じて、教育の機会を与えられるよう組織されること。②教授の内容と方法を通じて、学問研究の自由、批判的に分析する能力の訓練を大切にすること。③異なった発達段階にある生徒の能力の範囲内で、事実的知識についての広範な討論を奨励することである、と明記する。

アメリカ教育使節団が来日したころ、学校の式典などでは、まだ教育勅語の棒読みが行われていたようだが、報告書は、それは子どもの人格の発展にとって不適当であると断じ、廃止するように求めている。

この報告書が出された二年後の一九四八年六月一九日、衆議院で「教育勅語等の排除に関する決議」が採択され、引きつづき、参議院でも「教育勅語の失効確認に関する決議」が採択された。これによって五八年間、日本国民の精神文化や社会生活の全体にしばりをかけていた、教育勅語体制は崩壊する。

報告書は、足踏みすることなく改革姿勢を貫き、戦前・戦中、きびしい統制と抑圧にさらされてきた教師は、これからどうあるべきかについても、「教師の最善の能力は、自由の雰囲気の中でのみ栄えるものである」と明示し、仕事の誇りを取りもどすことを、すべての教師に呼びかけたのだった。

さらに報告書は、一冊の教科書だけで教育の目的は促進されるはずもないので、教科書以外の多様な資料を、教育の基礎に置くことを訴えている。

民主主義の生活に適応した教育制度は、個人の価値と尊厳との認識をその基本とするであろう。それは、各人の能力と適性に応じて、教育の機会を与えるよう組織されるであろう。（中略）それは、学問研究の自由、批判的に分析する能力の訓練を大切にするであろう。（中略）これらの目的は、学校の仕事があらかじめ規定された教科課程や、各教科についてただ一つだけ認められた教科書に限定されていたのでは、遂《と》げられることはできない。民主主義における教育の成功は、画一性《かくいつせい》や標準化によって測《はか》られることはできないのである。

『アメリカ教育使節団報告書』

そして、「異なる世界観を表明した書物や論文にふれる機会を与えよ」と、結論づけている。「教育制度は、学生の間に、単に知的のみならず、実践的かつ美的な興味を創り出すようなものでありたい。新計画案の全般にわたって、図書館、あるいは独学のためのその他の施設が重要な位置を占めるであろう。事実、教科書や口述筆記されたものの暗記をあまりに強調してきた今までのやり方を打ち破るうえでの、もっとも良い方法の一つは、まったく異なった世界観を表明している書物や論文への接近の機会を与えることである」。

■いまも光を放つ『学校図書館の手引』

もう一つの文書は、やはりGHQ占領下の一九四八年に、文部省が刊行した、『学校図書館の手引』である。この『学校図書館の手引』は、単に戦後民主教育の過程で生まれた、教育改革政策の指針というだけではなく、日本の伝統文化である平安時代以来の「読書誕生の歴史」を、学校教育史のなかで継承し、読書と学びの楽しさを次世代に伝えるという新しい「文化の型」を提出したものとして、わたしは理解している。

『日本図書館情報学会誌』(二〇〇四年四号)に、現在、立教大学文学部教授の中村百合子《なかむらゆりこ》さんが寄せた文章によると、『学校図書館の手引』は、文部省が選んだ七名の日本の専門家が分担で執筆し、それにアメリカ側の担当者が目を通し、意見を述べるという作業手順がとられた。中村さんの記述は、『学校図書館の手引』は日本人が草稿したのであり、GHQに、一方的に押しつけられたものではないことを示唆している。

『学校図書館の手引』を読みすすめると、学校図書館を「新教育制度の確立と発展」にとって、もっとも重要な設備として位置づけ、それをさまたげるものとは戦うという、毅然《きぜん》とした姿勢が見えてくる。確認しておくと、新教育制度とは、主権在民と恒久平和、言論・出版・表現の自由をうたった、日本国憲法をよりどころとする「教育基本法」や「学校教育法」に基づく教育のことである。

これまでの日本は、教科書の学習に全力をそそぎ、読書や個人的な探究学習の時間は軽んじられ、学校図書館は、教科書を勉強したり、暗記したりする場所として使われるにすぎなかったのだ。『学校図書館の手引』は、そんな図書館の扱い方は、過ぎさっていく時代のエピソードといい、新教育は、学校図書館を軸に発展していくものだという新たな思想を提出する。そうして、これからの学校図書館の使命と指導目標をあげたのだった。その一部を摘録《てきろく》してみる。

1. 学校図書館は、生徒の個性を伸長して行く上に役立つ。
2. 学校図書館は、多くの方面や活動において生徒の興味を刺激し、豊かにする。
3. 学校図書館の利用によって、人間関係や、他の人々との社会的、文化的生活を観察させ、さらに批判的判断や理解の態度を養って行くことができる。
4. 学校図書館は、自由な活動の手段を與《あた》える。
5. 学校図書館は、専門的な研究への意欲を刺激する。
6. 学校図書館の蔵書は、生徒の持つ問題に対していろいろの考え方や答を提供する。
7. 学校図書館は、生徒に望ましい社会的態度を身につけさせる機会を與《あた》えることによって、共同生活の訓練の場所として役立つ。
8. 学校図書館を利用することによって、生徒たちに、読書を終生の楽しみと考えさせるようにすることができる。

9. 学校図書館は、少ない図書を公共的に活用させ、現在を通して、未来の文化的建設を助けることができる。

文部省『学校図書館の手引』（師範学校教科書・一九四八年）

『学校図書館の手引』は、学校図書館を学習指導の中心に置き、指導目標として個人個人の人格を発展させること、独立してものを考える力を育てること、学校図書館を利用する能力と技術とを発展させることをかかげている。注目されるのが「新聞の活用教育」である。新聞を学習の教材として扱う理由として、若者たちが社会生活に慣れ、よき社会人となっていくために、新聞の機能・性格・経営、その読み方・扱い方の一般について、理解を得ておくことを説く。

学校図書館への新聞配備は子どもと地域社会、子どもと世界をつなぐひろい窓である。二〇一六年の参議院議員選挙から選挙権が一八歳以上に引きさげられ、主権者教育が欠かせないものとなった。それればかりではない。文部科学省や民間の読書調査では、新聞を読む子どもの文章表現力や論理的な思考力は、読まない子どもにくらべて豊かなものであることを裏づけている。

新聞を日々読むことで語彙《ごい》力が増え、情報の真贋を見分ける、情報処理能力が身につくという報告もある。こうした成果が見られることから、新聞活用教育はひろがる傾向にあり、『学校図書館の手引』は、すでに敗戦直後の一九四〇年代後半に、そのことにふれていたのだった。

「新聞の記事は社会の縮図といわれるように、あらゆる社会事象にわたり、きわめて豊富であるが、同時に雑多であり、断片的である。よいこともあれば悪いこともある。時には矛盾もある。そこでこれらに対して批判的な見方をするとともに、記事によって国内外の大勢を知るに努むべきである」とも提言し、続けてこう諭《さと》す。

「それがためには、社説・評論・政治経済面、海外情報などを注意深く読み、これを単行書、論文、教師の指導、人々の言論、自分のいろいろな経験によって補わなければならない」と。そうしてごていねいにも「新聞はできるならば三部とって、一部は全紙保存にし、二部は切り抜きにするようにする。スクラップ・ブックは生徒たちによって、喜んでふやされて行くであろう」と言うのである。

ここまで読むと、『学校図書館の手引』が、学校図書館の活用教育を通じて、教育を立てなおそうという意気込みに、満ちあふれていることがわかる。

■学校図書館法の公布

学校図書館法が制定されるのは、この『学校図書館の手引』が刊行されてから四年後のことだった。

当時の文部省は、『学校図書館の手引』を全国の小中学校に配布したり、奈良県天理市や千葉県鴨川市で講習会を開いたりして、熱心に学校図書館の活用教育の普及につとめた。このころの通達やそのほかの文章でも、「教科書中心の教育から児童・生徒中心の教育へ」とか、「教育上の聖書であった教科書は、ほかの教材と同列的な教材」とか、目を見張るような大胆な主張が目立つ。

一九四八年七月の「教科書の発行に関する臨時措置法について」の説明では、教室の学習において、教師から一つの問題で、ただ一つの解決しか与えられないとするならば、生徒は自分自身で、ものごとを考えることを学ばないであろう、と言いきっている。その前年の『学習指導要領一般編（試案）』では、「これまでの教育では、その内容を中央できめると、それをどんなところでも、どんな児童にも一様にあてはめて行こうとした。だからどうしてもいわゆる画一的になって、教育の実際の場での創意や工夫がなされる余地がなかった。型のとおりにやるなら教師は機械にすぎない」と断言している。

これは、明治時代の学制施行以来、文部省自身が積みかさねてきた、教育行政の負の側面に対する自己反省の弁でもあるわけだが、それにしても、このころの文部省の教育思想は改革の熱意に満ちあふれていた。しかしながら、文部省のこうした開明的な姿勢が続くのは、ほんのみじかい期間だった。

やがて、学校図書館活用教育の意欲も、教育の改革姿勢も取りけしてしまわざるをえない状況が生じる。『アメリカ教育使節団報告書』や『学校図書館の手引』も、アジア太平洋戦争の戦後処理とからんだ教育指針だったので、のちのちまで政治的な色合いを引きずることになった。『アメリカ教育使節団報告書』に対しては、「アメリカ的自由主義」や「ブルジョワ民主主義の産物」にすぎないとか、「資本主義的帝国主義の移入ではないか」とか、さまざまな負の評価が出るようになった。占領軍に押しつけられた「戦後民主主義」という世論も形成されていく。この世論はのちに、自主憲法制定の思想の土壌を耕すことになる。

一九四七年に東西冷戦が始まると、世界は資本主義と共産主義のイデオロギーに二分され、GHQ自身が民主化路線を大きく軌道修正し、日本の再軍備を求めるようになった。東西冷戦とは、西側の欧米諸国と東側のソ連とが対立しあう「戦闘なき戦争」のことをいう。極東の日本は、ソ連、中国といった共産主義圏の防波堤として位置づけられ、急速な勢いで戦前回帰を思わせるような流れがつくられたのだった。

わけても一九五〇年六月の朝鮮戦争の勃発《ぼっぱつ》は、一九四五年以降のもろもろの民主化政策を葬《ほうむ》りさる引き金となった。一九五二年一一月の吉田茂《よしだしげる》首相の施政方針演説は、それまでの教育改革路線を反転させるものだった。

「戦後の教育政策については、その後の経験にかんがみ、わが国情に照らして再検討を加えるとともに、国民自立の基盤である愛国心の涵養《かんよう》と道義の高揚を図り、義務教育、産業教育の充実とともに、学芸及び科学技術の振興のために努力を払う」。

この施政方針演説は、『アメリカ教育使節団報告書』と『学校図書館の手引』を無力にしてしまう力を持っていた。一九五三年一〇月、当時の吉田首相の特使、池田勇人《いけだはやと》自由党政務調査会長と、ロバートソン米国務次官補との会談では、日本の再軍備のための学校教育の復活、愛国心の涵養《かんよう》、自衛力増強の邪魔《じゃま》となる制約を取りのぞく、などで合意した。この日米間の合意内容は、一九五四年から五八年の四年のあいだに、教科書検定の強化、任命教育委員会制の導入、教師の勤務評定実施の決定、義務教育課程の全面改定、道徳時間の導入など、教科書と教師の管理・統制が強められていく。

こうした民主主義教育を阻《はば》もうとする、反動の力が動きだす少しまえ、つまり一九四八年の『学校図書館の手引』が刊行されたのち、学校に図書室を設ける機運が全国で起こり、図書予算や司書教諭の配置を求める声が高まった。

一九四九年に入ると、各県で「学校図書館協議会」が立ちあげられ、一九五〇年二月には「全国学校図書館協議会（全国ＳＬＡ）」が設立される。全国ＳＬＡは、ただちに学校図書館の振興を訴える署名活動に取りくみ、これには九二万五〇〇〇人が名を寄せた。立法府も法制定に向かって動きだす。

一九五二年一二月には、学校図書館法案要綱がまとまり、翌年の三月一二日には法案も仕上がり、参議院文教委員会に提出する手はずも整った。ところがその直後の三月一四日、野党提出の内閣不信任案が成立して即日解散され、まさに提出寸前にふきとんでしまった。法案が国会に提出されたのは、それから四か月後のことで、七月二一日に衆議院本会議、二九日に参議院本会議でそれぞれ可決・成立し、一九五三年八月八日に公布された。

しかし成立した学校図書館法は、肝心なところが大幅修正され、教師たちを失望させた。四か月のあいだに文部省は関係議員に働きかけ、法案の骨抜きを謀《はか》ったのであろう。原案には専任司書教諭とおなじものとされる「免許制司書教諭制度」の導入が盛りこまれ、司書教諭の専任が実現される内容になっていたが、それは抜きさられていた。

「学校図書館法」を要約してみる。（第三条、第六条は、その後改正された条文である。）

第一条　学校図書館は学校教育に欠くことのできない基礎的設備であること。
第二条　学校の教育課程の展開に寄与し、児童・生徒の健全な教養を育成すること。
第三条　小中高等学校（特別支援学校を含む）には、学校図書館を設けること。
第四条　図書館資料の利用に関し、児童・生徒を指導すること。
第五条　学校には司書教諭を置かなければならないこと。
第六条　学校には職員（学校司書）を置くよう努めなければならないこと。
第七条　学校の設置者は学校図書館の整備・充実に努めること。
第八条　国は学校図書館の整備・充実、司書教諭の養成の総合的計画を立てること。
附　則　学校司書の資格・養成のあり方などを検討すること。

第三条は二〇〇七年六月の法改正で、成立時の条文にあった盲学校、聾学校、養護学校を削除し、「障害児」が学ぶ学校を「特別支援学校」と改めている。第六条は、二〇一四年六月の学校図書館法改正のとき、学校司書の法制化のために新設された条文であり、それまでは存在しなかった。

ここで考慮したいのは、第五条である。条文には「司書教諭を置かなければならない」と、司書教諭の設置義務が明記されているのだが、附則で特例を認め、「当分の間、司書教諭を置かないことができる」と書きこまれた。

学校図書館には、子どもと本をつなぐ人がいなければならない。専任の司書教諭を配置するという最初の発想は、人がいる図書館をつくることだった。人の配置がなければ図書館はその力量を喪失《そうしつ》してしまう。『学校図書館の手引』が策定されたころ、文部省もそれはよく理解していて、指導主事や教師に向けた講習会でも、そうした情報を精力的に発信していた。それゆえ附則の追記は、手のひらを返してしまった文部省の事情を説明していた。

附則の特例が解かれるのは、学校図書館法公布から四四年後の一九九七年五月八日だった。この日の学校図書館法の改正で、ようやく附則は失効し、第五条の本則に戻ったのである。しかし専任化は、学校図書館法公布七〇年を迎えた現在も促進される気配はない。

■受験競争に敗北した学校図書館

学校図書館法は、政界の混乱にいくたびも遭遇《そうぐう》し、難産のすえに誕生するといういきさつをたどったが、公布後は読書・情報・学習のセンターとして、子どもたちの現実と未来に寄りそってきたことは、だれもが認めるだろう。不十分ではあっても、教師たちの細々とした努力のかいがあって、学校教育に欠くことのできない、基礎的な設備として機能してきたのだ。

図書資料は、その学校の実情に合わせて自由裁量で購入できる。子どもたちは好奇心の塊《かたまり》であり、あらゆる主題に関心を持つ主体である。子どもたちの関心や興味を把握し、図書資料を書架に分類排《はい》列《れつ》できるかは、そこに働く学校司書の知性と腕前しだいといっていい。求められているのは、図書資料を充実させるという能動的な姿勢であり、すべてのカリキュラムで図書館資料を使おうという情報の発信力であろう。

教育実践の記録を読むと、一九五〇年代の小中学校では、図書館をつかった読書活動が行われていたことが伝わってくる。学校図書館法が施行されたことをきっかけに、学校図書館を各科目の授業や、読書指導に活用したりする教師たちの努力の跡も見られる。

その萌芽は、花を咲かせるいとまもなく、萎《しお》れてしまった。経済白書が「もはや戦後ではない」と宣言したのは一九五六年のことで、それから一九七〇年までの約一四年間、日本は高度経済成長を続けた。高度経済成長は、学歴によってそれ相当の社会的地位を得られるという時代でもあった。高学歴を取得することは、将来の安定した生活を約束されることでもあったのだ。

このため高校、大学進学の受験競争が激化し、青い芽を出しはじめた図書館活用型の学習や読書教育の実践は邪魔になると退《しりぞ》けられた。城山三郎《しろやまさぶろう》の小説『素直な戦士たち』(新潮社)は、受験競争に熱をあげる日本社会の異常な雰囲気を描いた作品だが、立ちどまって冷静に考えようという呼びかけでもあった。頭のいい子を産み、有名な国立大学法学部に進学させ、卒業後はエリートとして出世コースを歩ませる。そんな夢を描く主人公の女性は、知能指数だけは高い男を選び結婚する。子どもが生まれると、学説を信じて頭が良くなるという食事を用意し、塾通いを激励し、ありとあらゆる英才教育をほどこす。小説の主人公に似た教育ママは、日本のどこにでもいると言われたものだ。

学校現場で、本を読む子どもを叱《しか》り、ドリルを勉強するよう強制したり、本を読む子は、クラスメイトから「変わった子」と異端視されたりする事例も記録に残されている。人類がつくりあげてきた文明遺産を継承し、日本の伝統文化を伝え、新しい価値を生みだす知的基盤として、日々の教育課程の展開に参画するはずの学校図書館は、こうして荒廃の道を突きすすんでいった。

学校図書館を「無用の長物」と、切って捨てる校長も少なくなかった。教育現場のトップがこのような姿勢を見せれば、教師もそれに従わざるを得ない。受験戦争の戦場に子どもを送りこみ、勝ちのこることが目的化されたとき、学校図書館は、教育実践のラインから外されてしまったのだ。

■ 改革に向かって踏みだす

学校図書館が教育と深くかかわる設備として、国会の文部科学委員会（旧文教委員会）で論議されることは絶えてなく、国会で本格的な論議が行われるようになったのは、学校図書館法が一九五三年に公布されてから、およそ四〇年後の一九九一年のことだった。司書教諭や学校司書の問題が、国会で論議された記録は残されているが、国政には大きな影響を与えた形跡はない。

ながい冬眠から学校図書館を目覚めさせたのは、当時、参議院議員だった肥田美代子さんである。最初に取りあげたのは、司書教諭の配置問題であり、それが近年の図書館改革の始まりだった。

さきにも述べたように、学校図書館法は「専門的職務を掌《つかさど》らせるため、司書教諭を置かなければならない」と明記していたが、附則では「当分の間、司書教諭は置かないことができる」とされた。学校はこの附則を重視したため、学校図書館法施行から国会論議が始まる一九九一年までに、司書教諭を配置していた学校は、公立・私学合わせて小学校五九人、中学校九四人、高等学校三八九人とわずかなものだった。教育現場や教育行政の人たちが、学校図書館をどう見ていたのかを如実に示す数字である。肥田さんからわたしに知らされる情報は、学校図書館の実態を把握しなければ、何事も始まりそうにないと考えさせるデータだった。「調査なくして政策なし」。肥田さんは国会質問で現状調査の実施を提案した。

文部省が質問に応えて、「学校図書館の現状に関する調査」を実施したのは、一九九二年に入ってからだった。

調査結果は、学校図書館の惨状を白日のもとにさらけだした。児童、生徒一人あたりの蔵書冊数は、小学校一六・二冊、中学校一三・六冊、高等学校一九・一冊であり、一人あたりの年間購入図書の冊数は、小学校〇・七七冊、中学校〇・六一冊、高等学校〇・六八冊だった。一人あたりの購入予算は、小学校五七九・八円、中学校六六一・三円、高等学校一三六六円である。

小中学生一人あたりの図書購入費は、当時の岩波文庫ほぼ一冊分であり、高校は、新刊の単行本一冊買えるかどうかの予算にすぎない。学校図書館が冷遇されているありさまは、図書館の開館状態からもよく理解できる。

開館日数は週六日がもっとも多く、週五日がこれに続く。しかも始業時から下校時まで開館しているのは、小中学校平均で三割にすぎない。「昼休みと放課後」、「昼休みのみ」が約七割を占め、職員は不在なのだ。児童生徒と対面で話し相手となってくれる教師や学校司書の姿はなく、無人の図書館に子どもが寄りつくはずもない。この開店休業の状態が続くことで、子どもたちからは、「学校でいちばん汚いところ」と見られ、敬遠されていた。

肥田さんは自分の目で確かめたいと、複数の学校図書館を訪れた。多くの学校図書館はほこりが積もり、本は古く、かび臭い。くもの巣がはり、ネズミが走りまわり、最後に人が入ったのはいつのことか、それを知っている教職員はいなかったし、赴任して二年目の校長は、図書館に入ったことはないと言う。学校図書館は、子どもの学習の邪魔になると明言する校長もいた。

現地調査の結果をふまえ、肥田さんは、いくども文教委員会で取りあげ、改善策を講ずるべきだと迫った。このころ、わたしはまだ、政党役員の職に就いていたが、日本児童図書出版協会や、全国学校図書館協議会の関係者から資料提供を受け、質問づくりに協力していた。

文部省は一九九三年、「学校図書館図書標準」を策定し、一九九三年時点で一・五倍に蔵書を増やす方針を決定した。この図書標準の達成のために、一九九三年度を初年度とする「学校図書館図書整備新五か年計画」が策定され、地方交付税＝地方財政措置《そち》で約五〇〇億円が政府予算に盛りこまれた。これだけの年数と財政があれば、図書標準は達成できるとふんだのだが、これは誤算だった。国から地方自治体に交付税を落としても、自治体が学校図書館に使わず、別の公共事業にまわしたのだ。

五年間では達成できず、第二次五か年計画（二〇〇二～〇六年）では六五〇億円、第三次（二〇〇七～一一年）では一〇〇〇億円、第四次（二〇一二～一六年）で一二二五億円、第五次（二〇一七～二一年）では二三五〇億円と伸び、一九九八年から二〇〇一年の単年度予算四一八億円と合わせて、五次までに総額六一四三億円が措置された。

第四次五か年計画からは図書整備費に加え、新聞配備費、学校司書配置費が地方財政措置されるようになり、名称も「学校図書館図書整備等五か年計画」と〝等〟がついた。四次にわたる五か年計画の継続で、蔵書も着実に充実し、図書標準を達成している公立校の割合は、小学校で七一・二％、中学校で六一・一％に達した。しかし、この達成率を額面通りによろこぶことはできない。というのも古い図書資料が更新＝廃棄されずに、書架に並べられ、蔵書冊数に数えられているのだ。

図書標準の達成を優先し、表紙のタイトルさえ消えた書物も入れて、達成率として計算している学校もある。政府は、五か年計画のなかで更新冊数分の予算を措置しているが、そのことが教育現場には周知されていないせいもあって活用されていない。

古い本や汚れた本は、子どもの読書や探究学習の意欲を低下させるばかりではない。世界の歴史は日々書きかえられ、国名や首都名が変わった国も多く、動植物の絶滅危惧種も変化をとげている。地球温暖化や地域紛争で世界のようすは急激に変化しており、学校図書館の図書資料には細心の注意を払わないと、子どもたちに誤った情報や知識を与えてしまう。

〝いま子どもはこんな物語本を、いま教師はこの授業でこんな学習資料を欲している。しかし現実は、古くて使えない資料が増えつづけている〟。

こうした図書資料の現状と新たなニーズを、たえず学校司書から情報発信することが、「学校図書館図書整備等五か年計画」の財政措置を学校図書館にまわす道筋ともなる。だから子どもたちや教師の要望に耳をすませてくれる学校司書が、そこにいつもいてくれることが大切なのだ。学校司書の常勤は、学校図書館という知の空間を変え、深い学びの学校教育を実現していく確かな道である。

第二章

改革の鍵を握る学校司書の仕事

■教育改革と自治体議会の役割

学校司書は、学校を設置する自治体が採用する仕組みなので、地域差が出てくるのはやむを得ない。しかし大筋では採用の底上げが続き、学校司書の認知度は高まっており、これに棹《さお》を差し、勢いのあるものにしたいと思う。

「第六次学校図書館図書整備等五か年計画（二〇二二年度〜二〇二六年度）」は、二〇二二年四月にスタートした。図書標準の達成とともに図書の更新、新聞の複数配備、学校司書の配置と三大目標の拡充をめざし、五か年で総額二四〇〇億円の予算が執行される。

内訳は、図書資料の不足冊数分（新規購入）一九五億円、更新冊数分八〇〇億円、学校図書館への新聞配備分一九〇億円、学校司書の配置分一二一五億円（いずれも五か年間の総額）である。更新冊数分にくらべて不足冊数分が少ないように見える。第五次計画で政府が用意した図書購入費のうち、八〇億円を消化できなかったことが影響したようである。

政府の予算編成期に入ると、各省庁は交付税措置の権限を持つ、総務省に要望を提出し予算取りに動く。こういうときに未消化の予算があると、前年度を上まわる予算の獲得は難航する。省庁は課長や課長補佐などエース級を表に出し、総務省と根気強く折衝しているはずだが、「使いきっていない」と、立場が弱くなるのは避けられない。折り合いがつけば、政府予算に盛りこまれ、地方交付税として自治体に配分される。しかし、それですんなりと学校図書館にまわるわけではない。この地方財政には、「これは学校図書館図書費である」と色づけされていないので、市町村が「学校図書館費」などの名目で予算化しなければ、別の事業に使われてしまう。一九九三年このかた、道路や港湾、そのほかの公共事業に使われた事例も散見されるのである。

学校図書館に対する教育現場の熱は低く、地域住民も、わが子が通う学校図書館には関心を示さない。地方議会人も、有権者の票が期待できない領域には関心を持たない傾向がある。学校図書館の改善を働きかける社会的な行動の希薄さは、自治体の学校図書館政策を下位に置く理由ともなっている。

国会で子どもの読書や学校図書館のことに取りくんでいた肥田美代子議員は、女性議員からも、「票にならないことをやっている」と酷評されたし、「ファンタジーで天下国家の仕事ができるか」と批判されたりもした。地方議会にもそうした雰囲気が感じられる。

それでもなお、学校図書館をよくするためには、地域の有力者であり、行政に影響力のある市町村議員の理解を求めることが大切である。PTAの会合で論議したり、知り合いの議員の紹介で議会に陳情書を提出したり、あらゆる方法で働きかけることが望まれる。

自治体議会で取りあげると、大きな成果を生むという事例を記してみる。神奈川・相模原市議会は、二〇二二年九月三〇日の定例会議で、学校図書購入費約九四〇〇万円を盛りこんだ、補正予算案を満場一致で可決した。

相模原市の図書購入費は、二〇二〇年度は約四〇〇〇万円だったが、二〇二一年度は前年度比で二割減の約三二〇〇万円、二〇二二年度の当初予算でも前年度比三割減の約二三〇〇万円だった。小中学校の一校あたりの図書購入費は全国で二番目に低い自治体だった。最低限の本さえ買えない状態にあって、子どもたちはぼろぼろの児童書を読まされていた。

二〇二二年三月議会では、学校図書予算の増額をめぐり、公明党、共産党の議員がいくたびも質問をくり返している。議員と市当局のやり取りをへて、九月定例会議に提案された補正予算に、その成果が盛りこまれたのだった。

■ 学校司書配置の予算確保から法制化へ

この数年、学校司書が配置された学校では、学校図書館が輝きはじめている。学校司書が常駐すれば、いま、どんな図書資料が必要か、更新すべき図書資料はどれかを、日常的に点検できる。子どもたちや教師が、読書や授業に必要としている図書資料も把握できる。子どもと本をつなぐ学校司書は、図書館改善の切り札といってもいい。

子どもや教師とともに成長する学校図書館に、学校司書は欠かせない存在なのだ。学校司書が常駐することで、書架も輝くものになった事例は、枚挙《まいきょ》にいとまがない。その具体例はあとで述べるとして、学校司書の法制化のいきさつを、おさらいしておこうと思う。学校司書の発言力が高まれば、学校図書館は目に見えてよくなる。わたしはそう断言できる。

「公益財団法人文字・活字文化推進機構」(以下推進機構と表記)が、二〇〇七年の設立以来、学校司書の法制化に取りくんだ最大の理由は、学校図書館改革の担い手として、学校司書を位置づけた事情があった。

人のいない学校図書館には、子どもたちが寄りつかないから荒れはててしまうことは、すでに述べたところである。このため、心ある自治体は、国の法的整備に先駆けて、自主的に学校司書を配置して、学校図書館を運営してきた。呼称は「学校図書館担当職員」とし、「もっぱら学校図書館に関する業務を担当する職員」と説明してきている。通称は〝学校司書〟と呼ばれていたが、この名称は、法的根拠を持ったものではなかった。

それでも学校図書館の運営に、欠かせない人材として配置してきたのである。一九九七年に学校図書館法が改正され、一二学級以上の学校に司書教諭の配置が義務化されたとき、附帯決議で「学校司書の雇用に留意する」とされたのは、そうした事情によるものだった。

推進機構の要望で、文部科学省が「国民の読書推進に関する協力者会議」を設置したのは、国民読書年の二〇一〇年七月のことで、二〇一一年九月にまとめられた報告書には、「いわゆる学校司書の配置や常勤化を推進する方策を検討する」という内容が提言された。提言に記された「いわゆる学校司書の配置」を具体化するため、推進機構は、当時の川端達夫《かわばたたつお》総務大臣と再三にわたって面会し、学校司書の配置に必要な予算として一五〇億円を要望した。

この額はそのまま、二〇一二年度政府予算案に盛りこまれた。小学校に九八〇〇人、中学校に約四五〇〇人、一週あたり三〇時間の学校司書を、おおむね二校に一名ほど配置できる予算規模である。法的根拠のない「いわゆる学校司書」に国家予算がついたことは、政府が公式に学校司書の存在を認知したことの証《あかし》となった。川端大臣の英断の根拠は、学校司書は子どもの未来に必要不可欠の職務だという信念だった。これは短命だった民主党政権が歴史に記した成果の一つといえるだろう。

次のステップは、学校司書の法制化である。そのためには、学校図書館法改正が必要であった。推進機構の働きかけで発足した超党派の「学校図書館議員連盟」の尽力《じんりょく》で、議員立法として、学校図書館法一部改正案が国会に提出され、満場一致で可決・成立した。公布されたのは二〇一四年六月二七日、施行されたのは二〇一五年四月一日だった。先にもふれたが、改正学校図書館法には、次の六条が新設された。

第六条「専《もっぱ》ら学校図書館の職務に従事する職員（次項において「学校司書」と言う）を置くよう努めなければならない。

二　国及び地方公共団体は、学校司書の資質向上を図るため、研修の実施その他の必要な措置を講ずるよう努めなければならない。

学校司書という名称は、一九六〇年代のはじめ、すでに教育関係者のあいだに定着した呼称だったが、それから約五〇余年にわたり寄るべき港がなく、ふわふわと浮遊していた。第六条は「ここが居場所だよ」と、その学校司書に港を提供し、碇《いかり》を降ろさせたのだった。

文部科学省は、改正学校図書館法の施行後、「学校司書とは、学校図書館を運営していくために、必要な専門的・技術的職に従事し、授業やそのほかの教育活動を、司書教諭や教員とともに、教職員の一人として遂行する者である」と定義した。（文部科学省「学校図書館担当職員の役割及びその資質の向上に関する調査研究協力者会議」）

文部科学省や学校図書館議員連盟の見解は、学校図書館法が「学校司書」として想定する者は、学校設置者が雇用する「職員」であり、事業者が雇用して学校図書館に勤務する者は、校長の指揮監督下にないことから、法の規定する「学校司書」には該当しないとしている。

二〇二〇年現在、学校司書は小学校六九・一％、中学校六五・九％、高等学校六三・〇％が配置され、法改正後は、年ごとに増加する傾向にある。「第六次学校図書館図書整備等五か年計画」では、前期を上まわって、小中学校のおおむね一・三校に一名配置できる交付税が措置されており、自治体はこの予算を活用し、一校一人の専任学校司書の配置に取りくむことが重要だ。

学校司書が一校に一人、専任で配置されると、学校図書館は確実に変わる。図書館が変わると、子どもたちの利用率は飛躍的に伸びる。子どもの利用率が伸びると、学力はまちがいなく向上し、教養も豊かなものになる。

■川崎市の学校司書配置モデル事業

神奈川県川崎市教育委員会の「学校司書配置モデル事業中間報告」(二〇一六年)は、その恰好《かっこう》の事例となろう。川崎市は、二〇一五年度から三年間、モデル校を設置し、学校司書の配置による効果を検証した。中間報告は、モデル実施から一年半を経たのちの途中経過をまとめたもので、小学校一四校が対象となっている。報告書を要約して紹介する。

〈児童の変化〉

・学校司書が常に図書館にいるため、児童が安心して図書館に来ることができるようになり、来館する児童が増えた。

・学校司書が読書への興味を高めるための工夫（特設コーナーの設置等）を積極的に取り入れたことで、児童が自ら本を手にとってさまざまなジャンルの本を読むようになり、貸出数が増えた。
・学校司書からアドバイスを受けることで自主的に調べ学習がすすみ、本を活用するようになった。

〈学校司書による学習支援も効果〉

・授業に使う図書資料の準備を行うことにより、児童の学習活動がひろがった。
・教科書に載っている作者の作品コーナーを設置することにより、読書の幅がひろがった。
・本の紹介やブックトークを行うことにより、本に対する興味や関心が高まった。
・学習の導入で読み聞かせをすることにより、作品へのイメージが深まった。

〈図書館の環境整備の進捗〉

・本の配架が工夫され、児童が選書しやすくなった。
・掲示物や展示コーナーが工夫され、図書館が明るくなった。

こうした効果をふまえて報告書は、学校司書による学習支援を各教科などの年間カリキュラムに位置づけて、計画的に学校司書を活用していく必要があると強調している。学校司書に対し、子どもたちが読書のことや探究学習のことについて、気軽に相談できるようになった。子どもたちは頼りがいのある味方を得たのである。教師にとっても、学校司書に授業に使う図書資料を準備してもらうなど、心強い学習支援を得ることができるようになった。学校司書を媒介に学校内の人間関係に滑《なめ》らかさが生まれ、コミュニケーションが育った。学校図書館は学校の附属施設ではなく、学校教育に必備の施設として、その役割を果たしているのである。

子どもたちが図書館の使い方を覚え、豊富な資料をめくって学習する方法を学ぶことは、生涯にわたって役立つキャリア教育といっていい。この報告のように学校図書館が成長することは、そこが学びつづける人間教育の教室であることを教えてくれる。学校教育はながいあいだ、教科書の学習に全力をそそぎ、読書や教科書外の図書資料を使った探究学習を軽んじてきた。

川崎市教育委員会の報告は、学校図書館を活用することで、子どもの読書熱が高まり、学習意欲が引きだされ、個性の伸長に寄与するという成果が見られたことを伝えている。定番の教科書と教師の知識だけでは満足しない子どもたちは、図書館でいろいろな資料や文献と出会うことで学びの喜びを実感している。そして、その仲立ちをするのが学校司書なのだ。

■これが学校司書の仕事

民間の自主的な動きも記しておこうと思う。「学校図書館問題研究会」という学校司書が結集した団体がある。一九八五年に設立され、学校図書館の役割や機能について研究している。

会員たちに話を聞く機会があるが、実に熱をこめて、子どもと学校図書館の改善策を語ってくれる。口で語るだけでなく、身体《からだ》も精神も躍動させ、学校司書のいる学校を少しでも増やそうと活躍している。

この研究会が刊行した『学校司書って、こんな仕事　学びと出会いをひろげる学校図書館』を一読してわかることは、司書職への誇りと、学校図書館文化の使命を深く認識していることだ。子どもと教師に幅ひろい本や資料を紹介し、読書の魅力を伝える。教師に協力して学校図書館を活用した授業づくりに励む。独りよがりにならず、司書教諭と協力して学校図書館を運営していく心の姿勢が整えられている。

学校司書たちの実践内容を列挙してみる。

1　毎日学校司書がいて、本と子どもをむすぶ。
2　教師といっしょに授業をつくる。
3　読みたい気持ち・知りたい意欲を引きだす。
4　人と人をつなぐ広場と居場所をつくる。
5　地域の人々と手をつなぐ。

学校司書は、学校図書館に毎日いることで、仕事のやりがいも生まれてくるし、子どもたちとの信頼関係も構築できる。文部科学省が自ら報告しているように、これからの学校図書館は読書活動ばかりでなく、授業をはじめ、さまざまな学習活動を通じて、子どもたちの言語能力や情報活用能力の育ちを支えなければならない。

学校司書が授業に協力するとは、具体的にどんなイメージなのか、岡山県津山市立北陵中学校の学校司書である加藤容子《かとうようこ》さんは、次のように記している。中学三年生の国語で詩を鑑賞する学習がある。教師は、生徒が自由に詩を読む時間を設けた。読んだ詩のなかから心に響く作品を見つけ、その魅力を「推薦文」というかたちで、クラスメイトに伝えるという学習である。

学校司書はこの授業の目的に沿って、バラエティの豊かな詩の本を取集する。教科書に取りあげられている島崎藤村《しまざきとうそん》など、明治から昭和の詩人の詩集。昭和から平成の詩人の『ジュニア・ポエム双書』（教育出版センター）や、中学生にも馴染《なじ》みのある、工藤直子《くどうなおこ》、相田《あいだ》みつを、やなせたかし、ナカムラミツルなどの作品集。『はじめてであう世界の名詩シリーズ』（あすなろ書房）などで、外国の詩にもふれられるようにした。さらには中学生の作品集も入れた。

また、教師からリクエストされた歌謡曲などの歌詞を、『歌を読む詩集シリーズ』（金の星社）や『日本のうた大全集　童謡～わらべうた～歌謡曲まで収載　詩と解説』（自由現代社）、『詩集フォークソング』（主婦の友社）などから用意した。また、詩人について調べられる資料も準備した。

加藤さんの記録は、学校司書の仕事内容の一例であるが、授業にかかわる学校司書の仕事ぶりがはっきりと見えてくる。教師との信頼関係や心合わせも伝わってくる。専門知識や教養の蓄積がなければ詩歌《しいか》の選びはできない。その素養のある加藤さんの授業に向かう準備作業は、文部科学省が求める、対話的で深い学びを効果的にすすめるには、学校司書の力が必要だということを語りつくしている。

加藤さんが準備した学習資料は、ひろく深みのある学習が可能である。島崎藤村の漢文の教養に裏づけられた詩歌は、当時の知識人たちの学びの基礎に、漢詩・漢文があったことを教えてくれているし、藤村が詩を捨て小説家に転向した理由に、想いをめぐらせることは、明治という時代を理解していく過程ともなる。

加藤さんが選んだ歌謡曲のなかには、一九五〇年代、六〇年代の詩歌もあるにちがいない。高校進学も少なかった当時、東北から集団就職列車に乗って、東京・上野駅に向かう中卒の子どもたちや、田舎に残り、心を寄せていた友だちが大都会に向かう旅立ちをうたったものもある。

そうした詩歌を通じて、そのころの日本のリアルな世相を学ぶことができるはずだ。加藤さんもそうした社会の姿を想像しながら、学習資料を集めたのかもしれない。国語の教師は、その豊富な資料を受けとり、自ら内外の文学素養を動員して、学習に臨んだにちがいない。

ところで学校司書の配置状況は、さきに紹介したように配置率で見ると、小中高ともに六割を超えたが、その七割～八割は非正規職員と推定されている。一人の学校司書が二～三校の学校図書館をかけ持ちし、その交通費も自己負担という過酷な実態もある。一日の稼働時間もきびしく制限され、月収一二万～一五万程度という事例もめずらしくない。

自治体が貧困な労働者を創出しているのだ。この状況を改善しなければ、文部科学省が提唱する主体的・対話的で深い学びの教育が、効果を上げることはむずかしい。わけても学校設置主体の地方公共団体は、子どもたちにもっとも身近な教育行政として、低いレベルに置かれている、学校図書館政策の優先順位を引きあげる責務がある。学校図書館が学校図書館法の定める使命を確実に果たすためには、学校司書の大幅な処遇改善を、緊急な課題として認識しなければならないと思う。

■東京・荒川区の紙とデジタルの活用教育

ＧＩＧＡスクール構想による一人一台のタブレット端末の配布を機に、学校図書館活用の授業を見直し、学校司書の全校配置を実現した行政も出てきた。二〇一九年六月に「学校教育の情報化の推進に関する法律」が施行され、一二月にはすべての児童生徒にタブレット端末を一人一台持たせる、ＧＩＧＡスクール構想が打ちだされた。学校教育の場では、タブレット端末の導入により資料取集の幅がひろがり、学校図書館の利用にも変化が生じている。

ＧＩＧＡスクール構想に先立ち、東京・荒川区は二〇一四年度に、すべての中学校に一人一台のタブレットパソコンを導入した。このＩＣＴ（情報通信技術）教育を指導した、二〇一九年当時、荒川区立第三中学校校長だった清水隆彦《しみずたかひこ》さんは、次のように述べている。

「ＩＣＴ機器を活用した授業は、とてもよい授業に見えるが、生徒たちに与える情報があまりに多すぎる。ノートに取らずに聞いただけの知識は、次の情報が提示されると忘れてしまう。それからＩＣＴを使った授業は、教員がよい授業ができたと自己満足に陥りやすい。そして生徒には、マルチメディアを駆使して情報を見てわかった気になるという現象が見えはじめた。それではどうしたらよいのか」。

清水さんは、授業のデザインを変えるときがやってきたと考えた。タブレット端末に打ちこめば情報がやってくる。そのどれを使うかを、仕分ける能力を身につけることが重要となった。つまり情報処理能力の育成である。具体的には、クラスの半分がタブレットパソコン、半分が書籍を活用しておなじ内容を学習する。次の時間は逆のパターンになる。次にネット情報と書籍情報を併用して、活用する授業を実施した。

こうした授業をすすめるにあたって、学校図書館が重要な役割を果たした。二〇一九年度は、学校図書館で授業を行う回数は五〇〇回を超え、学校図書館を使って授業を行うのが、当たりまえの学校生活になった。

荒川区はすべての学校に、学校司書が月曜日から金曜日まで常駐し、司書教諭や図書館担当者と協力して、各教科でさまざまな書籍を活用して、情報活用能力を育てる授業に参画している。学校司書は、授業と本と子どもをつなぐ存在なのである。

タブレット端末は、授業の手段として位置づけ、ネットで収集した情報を無条件で信じることを戒《いまし》めている。清水校長の後任で荒川区立第三中学校校長の小柴憲一《こしばけんいち》さんは、「情報の質を考えるという点では、インターネット情報と図書情報では圧倒的な違いがある。ネット情報では真偽がわからない情報がたくさんあるが、図書情報はさまざまな過程を経て発行されている」と述べている。これは、一人一台のタブレットによる学習時代のもっとも注意すべきことだ。

一人一台端末時代の授業は、多様な方法を選択することにならざるを得ない。荒川区のＩＣＴと書籍を組みあわせた学校図書館活用型の授業は、ネット検索の便利さに流されない教育のあり方として参考になる。活字の学びも持続されている。

川崎市や荒川区の学校図書館活用の授業は、学校司書が大きな役割を果たしている。タブレット端末時代の学校図書館には、学校司書の配置は不可欠な条件なのだ。なお荒川区の事例は、『リレー講演　活字の学びを考える講演録』（「活字の学びを考える懇談会」発行）を参照していただきたい。

■それでも本を読むことをやめない

学校図書館は、子どもに読書の楽しみを伝えることが大事な役割である、としてスタートした。その後、学校図書館法の精神を鮮明にするかたちで、読書・学習・情報の三大目標がかかげられ、教育現場にもひろく定着することになった。

学校図書館法は、教育は学校教育だけで終わるのではなく、人間の文化的成長は一生を通じて発展していくものであり、学校図書館の使い方を覚えることは、社会生活のなかで、公共図書館を十分に利用できるようになるという、視点を明確にしている。

子どもの未来を透視したこの考え方は、やがて激しい受験競争の到来で、受験に対応し、目前の利益を得る授業にとってかわられ、『学校図書館の手引』で描きだされた学校図書館活用教育も、政策的な成功を収めることはできなかった。その後の学校図書館は冬の時代に入ったのだ。

それでも当時の文部省は、一九八七年に学校図書館指導資料『小学校、中学校における読書活動とその指導　読書意欲を育てる』を発行し、読書活動の重要性を明示した。要約すれば、こんなふうに書きだされている。

「読書の対象は、文字だけに限られなくなった。テレビやラジオをはじめ、多様な機器が開発されている。学校教育や家庭、地域社会で、児童生徒の読書活動が適切に指導されなければ、読書離れや活字離れがすすみ、読書を通しての望ましい人格形成が困難になる恐れがある」と。
　さいわい、テレビやラジオの普及が読書離れをうながすという不安は、杞憂《きゆう》に終わった。テレビやラジオは、日本の子どもたちから紙の本を奪うことはできなかった。読書環境はさらに変化し、テレビ、ラジオに加え、パソコン、タブレット端末、スマートフォン、テレビゲームといったデジタル機器の全盛期にあっても、日本の子どもは読書をやめていない。スマホやゲームに時間を消費する子どもも増えたが、それでもなお、日本の子どもたちは読書をやめなかった。そのデータを紹介しよう。
　読書に関する法的整備が始まった、二〇〇〇年五月一か月間の平均読書冊数は、小学生六・一冊、中学生二・一冊、高校生一・三冊で、不読者は小学生一六・四％、中学生四三・〇％、高校生五八・八％で、中高生の半分は本を読んでいなかった。それが二〇年後の二〇二一年の調査では、平均読書冊数は小学生一二・七冊、中学生六・三冊、高校生一・六冊で、不読者は小学生五・五％、中学生一〇・一％、高校生四九・八％と、高校生を含め不読者が減少している（毎日新聞・全国学校図書館協議会「学校読書調査」。小学生はいずれも四〜六年生）
　子どもの読書量が増加しているのは、制度・政策の支えが大きい。二〇〇〇年の「子ども読書年」の実施、二〇〇一年の「子ども読書活動の推進に関する法律」の制定、二〇〇五年の「文字・活字文化振興法」の制定、二〇一〇年「国民読書年」の実施といったぐあいに法的基盤の整備がすすみ、国に準じて地方公共団体は「子どもの読書活動の推進に関する基本的な計画」を策定して、学校や地域の読書活動を支えてきたのである。

また一九九三年以降は、すでに述べたように、「学校図書館図書整備等五か年計画」も、その後、整備された法制度に支えられて継続され、学校図書館をはじめ、子どもの読書の環境づくりをうながしつづけている。教育現場の「全校一斉読書」や自治体のブックスタートも、制度政策に支えられて進展してきた。

しかし、一人一台のタブレット端末の配布を軸にした教育のデジタル化は、図書館を使わなくても、どこでも検索可能な学習スタイルを生みだしたため、学校図書館は不要という声も聞かれるようになった。

デジタル教育は、クリック一つで大量の情報を収集し、必要な資料の検索も瞬時にでき、考えるまえに答えも引きださせる。書物で調べたり、読書で深読みしたり、考えるプロセスが省かれてしまう。「全校一斉読書」を廃止して、その時間をタブレットの取り扱いの習熟にあてる学校もある。

かつて日本の学校は、読書から子どもを遠ざけたことがあったが、いままた、おなじ道をたどりつつある。デジタルで情報や知識がすばやく手に入る便利さと引き換えに、子どもたちから読書の時間を奪ってはならない。

第三章

本をひらくと新しい世界がある

■ 書物は、もっとも驚くべき発明品

子どもの将来を叙述する都合から、ここで二〇二〇年代の日本社会のようすを、少し記録しておこうと思う。新型コロナウイルスが蔓延《まんえん》したことにより、「どこででも、仕事や学習ができる」という新たな〝仕事スタイル〟と〝学習スタイル〟が生みだされた。勤め人は在宅勤務し、子どもたちはオンライン授業を受けるなど、国民のデジタル能力を引きあげることになった。

東京のJR山手線巣鴨駅の近くに、わたしがよく立ちよる喫茶店がある。コロナ禍の二〇二〇年このかた、マスクを着けてパソコンの画面に向かう男女が増えた。コーヒー一杯で長居する客に対しても、プレッシャーを感じさせない雰囲気の店なので、午前一〇時ころから夕方まで、パソコンに向かう人もいるそうだ。そんな人の注文は、だいたいコーヒーで、昼どきにはサンドイッチが追加注文される。だが、おそらく二〇二三年秋ごろには喫茶店で〝在宅勤務〟する者も、少なくなるかもしれない。

画面に文字を打ちこむ、客たちのリズミカルな身体動作を眺めながら、書物以外の道具は、人間の身体の一部が拡大延長されたものだ、と言ったのは、ホルヘ・ルイス・ボルヘスだったなと、ぼんやりと想っていた。

アルゼンチンを代表する作家のボルヘスは、いくども白内障の手術を受けたのち、目は少しずつ見えなくなった。目が見えなくなって半世紀以上、「ゆるやかな薄明」のなかで生きた。父の書斎で幼年時代を過ごし、書斎に並んだ本を通して、徐々《じょじょ》に霞んでいく外部世界を、よりよく理解し空想する術《すべ》を学んでいく。「ゆるやかな薄明」のなかで、詩集や短編小説やエッセイなど、現在、世界中で絶賛されている作品を著《あらわ》したのだった。

著書『ボルヘス、オラル』には、一九七八年に故国アルゼンチンで行われた連続講演の内容が収められてあり、冒頭の「書物」という講話は印象的である。

書物は人間の作り出したさまざまな道具類の中でももっとも驚くべきものである。他の道具はいずれも人間の体の一部が拡大延長されたものでしかない。たとえば、望遠鏡や顕微鏡、これらは人間の眼が拡大されたものだし、電話は声が、鋤《すき》や剣は腕が延長されたものである。それに比べると、書物は記憶と想像力が拡大延長されたものであるという点で、他のものとはまったく性格を異《こと》にしている。

『ボルヘス、オラル』(木村榮一訳・書肆風の薔薇・一九八七年)

フランスの認識神経科学の専門家、ミシェル・デミュルジェは、デジタル機器は脳が延長されたものだと言うのだが、デジタルはまた、新しいデジタル脳やスマホ脳をつくりあげ、「新聞も本も読まなくてもいい」という、意識までも開発してしまった。

乗客のほぼ九割がスマホに熱中する光景を、通勤電車内で見るたびに、「新聞も本も読まなくていい」と言った、三八歳のビジネスパーソンの声が、わたしの耳を通りすぎていく。

彼はインターネットを縦横に使いこなし、あらゆる情報はネット検索で、すばやく入手できる達人であることを自負していた。紙の本や新聞は古めかしいものに見え、そうした古典的な作業からはもう卒業すべきではないか、と屈託のない笑顔を見せた。

「印刷された本や新聞を読まなくなって三年が過ぎましたが、まわりにもそういう人は多いですよ」と彼は言った。紙のメディアはいらないと言い、前時代の無用の遺物あつかいなのだ。

しかしそれでもなお、私たちはすべての子どもにできるかぎり、多くの本を読む機会をつくり、読書の習慣を早く身につけさせるようにしなければならない。子どもたちにページをめくる感触を伝え、電子メディアでは決して味わうことのできない装丁や挿絵の芸術の妙も、紙の本の持つ魅力として次世代に継承しなければならない。

■人を成長させるのは、唯一、本である

表と裏の堅い表紙で、一〇ページでも三〇〇ページでも綴じられるパンフレットや本は、海辺の波うち際にでも、八〇〇〇メートル級の山岳にでも、持ちはこぶことができる。電池が切れるのではないかとか、落として壊すのではないかという心配も無用である。だから五〇〇年以上にわたって、メディアとして人類に大切にされてきたのだ。

ここまで書いてきて、わたしは、欧州の国連機関で働いていた友人の話を思いだしていた。いま、国と国の敷居が低くなり、往来も自由で、インターネットで外国の出来事もリアルタイムで伝わってくる。これから海外に留学したり、旅行したり、外資系の企業に勤めたり、外交官になったりする若者もいるにちがいない。海外生活のながい友人の話は、これから海外の人たちとつき合ううえで、参考になるかもしれない。友人は、ベルギーに駐在していたとき、同僚のホームパーティーによく招かれた。二〇〇九年の秋のある日曜日、この日はフランス人、ドイツ人、デンマーク人、日本人商社マンが招かれていた。三〇代後半の日本人商社マンは、海外生活にも慣れ、英語とフランス語が堪能で、好感の持てる快活な人物だった。

インターネットと仕事が話題になったとき、グーグルに顔を出すと、必要な情報は鞄《かばん》にいっぱいになるほどに与えてくれると言って、みんなを笑わせた。日本のことが話題になったとき、大学講師の

ドイツ人がその商社マンに、フランス語で「縄文時代とは、どのような特徴を持った社会だったのか」と尋ねた。彼はしばらく沈黙したあと、フランス語で「わたしは古代史が苦手でしてね」と言った。

商社マンの言語能力は申し分ないのに、母国の歴史に対する基礎的な知識がなかったようだと友人は言い、知っている時代の話題を提供するなど、切りぬける方法はあったはずだと友人は惜しんでいた。「海外で暮らす以上、日本史の資料や古典文学の数冊は、手元に持って置くべきだろうね」ともつけ加えた。商社マンの体験は、わたし自身にも言えることだ。かつて海外によく出かけていたころ、自分の浅学ぶりにいくども冷や汗を流したことがある。デンマークでは、高校教師から鈴木大拙《すずきだいせつ》の仏教哲学を話題にされ、ポルトガルでは、自然保護の研究者から足尾銅山事件で国会議員を辞職してまで抗議活動を起こした田中正造《たなかしょうぞう》の経歴と功績を聞かれた。こちらには十分な知識がなかったので、皮相なことしか語れず、深みのある対話に進むことができなかった。この時の冷や汗は、帰国後、あらためて二人の偉人を学びなおす契機となった。

日本の歴史や文化にくわしく、また興味を持つ人は、どの国にもいた。最低限の対応をするためには、日本史の素養は身につけておかねば、話し相手として認めてもらえない。いまは検索に頼ることができるが、読むという経験をグーグルの画面にのみ奪われてはならない。出版文化から知恵と知識を学ぶことは、思考力を鍛えるうえでも大事なことである。

社会人になってのち、人が豊かな言葉を獲得し、最大限に成長させてくれるのは、おおげさではなく、本である。このことは多くの研究が実証している。世界の学校教育に重大な影響を与えているPISA（国際学習到達度調査）も、子どもの楽しみのための読書が、学校の成績を引きあげていることを明らかにした。

■日本史や古典を手放してはならない

もう四〇年も前のことだが、出張先のオランダで、浮世絵が話題になったことがある。一九七九年一二月、NATO（北大西洋条約機構）は、アメリカの戦域核兵器をイギリス、西ドイツ、イタリア、ベルギー、オランダの五か国に配備することを決めた。

一九八〇年代に入ると、北欧をはじめ、ヨーロッパ全域で反核運動が起こり、その取材でわたしは、フランス、ベルギー、スウェーデン、デンマーク、オランダを歩いた。訪れたとき、オランダのユトレヒト市では、オランダ徴兵兵士組合の規模の大きい反核集会が開催されていた。

集会のあと、数日前、ベルギーのブリュッセル自由大学で会った軍服姿のヨーストが話しかけてきた。「日本の浮世絵に影響を受けたゴッホは、オランダの誇りだ。オランダと日本は、江戸時代までさかのぼるほど交流の歴史が古い。江戸時代の芸術・文化がゴッホを刺激した。広重は好きか」。

パリ時代にフィンセント・ファン・ゴッホは、浮世絵を模写し、浮世絵のいいところを自分の作品に採りいれた。歌川《うたがわ》（安藤《あんどう》）広重《ひろしげ》の「花咲く梅の木」や「雨中の橋」などの傑作は、ゴッホが正確に模写した作品である。白樺派の作家・武者小路《むしゃのこうじ》実篤《さねあつ》は、日本にゴッホを紹介した功労者であり、ゴッホを称賛した詩もつくっている。わたしは、問われるままにそんなことを語った。

わたしが依頼した通訳は、アムステルダム在住の日本人女性だった。取材を終えたあとのコーヒータイムのときの彼女の言葉は、印象に残るものだった。それは、「ヨーストは、オランダの歴史や文化について、よく勉強していた。日本の江戸時代にも興味を寄せていましたね。二人の会話はおもしろかったですよ。あらためて感じたのは、言葉の壁は、通訳で超えられるけど、教養だけは代弁できない」ということだった。

彼女はまた、「外国にながく暮らし、その国の言葉で生活していても、日本語で考え、日本語で想像している。日本語の語彙をたくさん身につけていないと、通訳という仕事はむずかしい。だから日本史の書籍や、古典は手放せない」と言った。

「ベルリンの壁」が崩壊した直後の一九九一年、ベルリンで開催された社会主義インターナショナル世界大会のあとの夕食会が、ベルリン郊外のポツダムでもたれた。夕食会場で、わたしが案内されたテーブルには、ドイツ、デンマーク、イギリス、スウェーデン、日本の小さな紙の国旗が置かれていた。酔いがまわると、イギリス労働党の役員が口火を切り、大島渚《おおしまなぎさ》の映画や安倍《あべ》公房《こうぼう》の小説『砂の女』、岡倉天心《おかくらてんしん》のアジア論などの批評で盛りあがった。この政権与党のエリートたちは、この日のために学習してきたのではないかと驚くほど、日本のことに通じていた。

岡倉天心のアジア論とは、英語で書きおろした『東洋の理想』のことである。デンマークの人は、明治維新後、西欧文明の摂取に日本政府が国の力をそそいでいたとき、天心は東洋の宗教や文明の再評価を主張した。その「孤高の姿が美しい」と言った。

■ 書物に導かれる企業経営者

国際社会のエリートたちに揉《も》まれている、日本の経済界の指導者たちは、さすがに若いビジネスパーソンのように、「新聞も本も読まなくていい」と軽々しいことは言わない。本は単なる情報の束ではなく、作者のメッセージとして受けとめているのである。

「書物は、わたしの人生の師匠である」という企業経営者の話に耳を傾けてみよう。丸和運輸機関社長の和佐見勝《わさみまさる》さんは、日本経済新聞夕刊の名物コラム〝こころの玉手箱〟に、「私には経営学の師匠が二人いる」と書いている。芝浦製作所社長だった西野嘉一郎《にしのかいちろう》さんと、経営コンサルティングのパイオニアだった田辺昇一《たなべしょういち》さんだ。和佐見さんは二人には直接、会われたことはないが、書籍を通じて知った。西野さんの著書『勝者の条件』（マネジメント社）は、和佐見さんに経営者の心構えはどうあるべきかを、雄弁に語りかけてきた。

田辺さんの数多くの著書からは、「夢を見るなら大きな夢にしろ」ということを教えられた。人の育て方、会社組織の舵《かじ》の取り方、巨大化する組織をマネジメントする原理原則は、すべて本から学んだと断言し、続けて「本をひらけば、いつでも師匠が道筋を示してくれる」と記している。

東京海上ホールディングス社長の小宮暁《こみやさとる》さんは、日本経済新聞の〝リーダーの本棚〟で、あらゆるビジネスパーソンが突きあたる試練は、適切なコミュニケーションの取り方だといい、デール・カーネギーの『人を動かす』（山口博訳・創元社）は、クリティカルなコミュニケーションについて、人間性の根本にふれつつ解説してくれていると述べる。

小宮さんが父親に贈ってもらった、キングスレイ・ウォードの『ビジネスマンの父より息子への30通の手紙』（城山三郎訳・新潮社）は、人生の成長段階に応じて、的を射たアドバイスがつづられていて、新社会人に手渡したい一冊だと薦《すす》めている。

組織を成功させている企業経営者たちは、変化が激しく課題が噴出する時代にあって、経営の道筋をナビゲートしてくれる本を探しだし、深読みしているのだ。書物はあらゆる知識と知恵の宝庫であり、これを活用しない手はないだろうというのである。

国際交流の場面こそ、読書の力は役に立つ。元外交官で作家の佐藤優《さとうまさる》さんは、ビジネスや社交の場では、「古代・中世・近世」の知識は、武器にもなれば、落とし穴にもなる、という趣旨のことを書いていた。たとえば、相撲の起源が話題になったとき、それをまったく知らないようでは、「その程度の人間か」と見透かされ、ビジネスでは、まともに相手にはされないだろうと語っている。

国際社会に生きるとは、語学に強くなることではなく、日本の文化の基盤である日本語に強くなることではないかと、わたしはあらためて思う。

学習指導要領の改定で二〇二〇年春以降、小学校三年生から英語教育が始まり、五年生からは正式な教科になった。英語を学ぶことは悪いことではなく、必要なことである。しかし、言語体系がもっとも脳みそに吸収される年齢といわれる六歳から一二歳までは、外国語よりも知識の基礎である、母国語の読み書き能力をしっかりと刷りこむことが大切であろう。英語は、中学校になってからでも遅くはないと言う識者は多いのだ。

字幕翻訳家の戸田奈津子《とだなつこ》さんも、英語よりもさきに、まず日本語を勉強しなければならない。英会話は一〇〇人が一〇〇人、やらなくてもいいけれど、日本語はアイデンティティだから、おろそかにしてはならないと訴えている。

英字新聞の記者を経て、ＮＨＫラジオ英語講師になった杉田敏《すぎたさとし》さんも、小学生がまず身につけるべきは、思考力の原点となる母語・国語だ。ここがきっちりしていないと、外国語は理解できないと語っている。

デジタル機器が旺盛な勢いで増殖を続ける現在だからこそ、アイデンティティである日本語を自由にあやつり、書かれた文章を正しく読み解く力を身につけたいものと思う。デジタル機器の普及によって便利な社会になったいまだからこそ、あらためて読書の楽しみを体験したいものと思う。詩人・小説家であるヘルマン・ヘッセは、読書は他者の意見を認め、それを注意深く聞くという謙虚さをつちかう過程である、と書いている。書物は、生涯にわたって学びつづけるためのパートナーなのだ。

■人生に無駄《むだ》な行為はない

わたしの生活はいま、パソコンの利便性の恩恵にたっぷりとひたり、もはやパソコンなしで仕事をすることはむずかしい。パソコンやスマホの多機能に感嘆し、それを使いこなす若い世代の順応性にも驚倒《きょうとう》するばかりだ。

パソコンを使う以前の仕事と、パソコン使用の仕事のしかたとでは、スピード感や利便性において雲泥《うんでい》の差がある。文章の移動、漢字の変換、消去、書きかえのどれ一つをとっても、鉛筆や万年筆で原稿用紙のマス目を埋める作業と、くらべること自体がおかしいのかもしれない。

ネット操作に慣れた人は、百科事典、辞書、新聞、雑誌をはじめ、図書館の蔵書にもアクセスして調べるので、わたしのように本棚からそのつど引っ張りだして調べる必要はない。デジタル端末は、昭和時代のメディアであるテレビやラジオとまったく異なるものである。ネット内ではあらゆる情報の饗宴《きょうえん》が繰りひろげられていて、その宴席の料理は、クリック一つで一瞬のうちに取りだせる。押しよせる豪華な料理は、印刷物を敬遠する生活モデルを創造した。

インターネットの力は、経済や社会の構造的な変革をもたらし、そうしてそれが、人びとの生活様式ばかりでなく、脳や精神の働きまでも変えてしまったという科学的知見は、いまや内外の研究で定説となった。好奇心のおもむくままに、それらの調査研究に関する文献を読むと、第四章でふれるように、仰天するほどのことが報告されている。

平成世代は、幼児期からタブレットやスマホといった、デジタル媒体のなかで生まれ育っている。家庭にもデジタル機器が浸透し、街路を行くバギーのなかの二、三歳の幼児と、それを押す母親とが、スマホに夢中になっている風景は、二〇一〇年前後からよく目につくようになった。液晶画面というスポットライトのそのなかで、産声《うぶごえ》をあげた子どもの姿を見るような気がする。

平成や令和の世代から見ると、デジタル機器のなかった「昭和の職場」は、面倒な無駄の多い前近代の世界に見えるにちがいない。文章はすべてが手書き、調べ物もいちいち辞書や事典のページをめくり、あるいは図書館に足を運ぶのが普通のことだった。面倒で無駄が多すぎる。ところが、それらの体験の積み重ねは、その後の人生を生きていくうえで、じつに貴重な資産となった。

■汝《なんじ》、辞典を読め、そして詩を読め

一九四三年生まれのわたしは、二四歳のとき、政党機関紙の記者職に中途採用され、二年間、九州総局で働いたあと、中央本部（東京）に引きあげられた。東大や日大をはじめ、全国の大学で大学改革の運動が大きく盛りあがっていたころだった。

それから一五年間は、鉛筆とメモ帳とカメラを必需品とする仕事を続けた。記者になりたてのころ、提出した原稿の六〇〇字のうち、二〇〇字は憎しみをこめたかのように、朱色の鉛筆で勢いよく、線が引かれて戻されてきたことがあった。

「ここをこう書きなおせ」という直接の指示はなく、無言で突きかえされてきたことに、まず驚いた。指定された字数は守ったし、取材内容もよくまとまった、と気分よく出稿したのに、こんなに朱が入ったのはなぜか。なにかの意趣返《いしゅがえ》しではないか、と怒りを覚えたほどである。

読みかえしてみると、単純なまちがいに加え、日本語の使い方におかしなところがいくつかあった。「合う」と「会う」が混同したり、送り仮名も「危い」と〝な〟抜きであったりしている。主語と述語の使い方にも工夫がない。同音異義語の使い分けや送り仮名の個所は、単純なまちがいとして訂正も簡単だが、主語や述語の使い方を誤ると、文節と文節のつながりがわかりづらく、読者に伝わりにくい文章となる。二〇〇字に引かれた朱色の線は、意趣返しでもなんでもなく、どんなに短い文章でも「日本語は正しく使え」というメッセージだった。

パソコン以前の毎日の仕事は、無駄と思える手順の積み重なりであった。しかし、それは決して無駄ではなかった。書き言葉の使い方を学び、文意を熟考する時間だったからだ。朱色の線は、その意味を理解しようとする忍耐力と、他者の意見を注意深く聞く集中力とをつちかうプロセスだった。

漢字変換してくれる道具はなかったから、わたしの傍《かたわ》らには、つねに『岩波国語辞典』があり、のちに講談社の『日本語大辞典』が加わった。それとは別に、三万語ほど収まった小型の国語辞典を、いつもバッグのなかに入れていた。

文化部記者で詩人の山崎昌夫《やまざきまさお》は、酒が入ると、辞典は手放すなと言い、古典と詩を読みまくれと言っていた。読むことと書くことは分離できない行為だと言うかれは、博覧強記《はくらんきょうき》の知識人だった。かれは『旅の思想』や『旅の文法』という書物を著し、旅は、魚や蝶がもと居たところに帰り、あるがままに生きることに似ていると表現した。旅先の新しい時間と空間が、旅人をあるがままに生きさせてくれるというのだ。

山崎は、映画や演劇の批評家としても活躍し、『中央公論』や『朝日ジャーナル』などに、知的な文章を寄せていたが、一九七九年に肝不全で亡くなった。享年《きょうねん》四五歳だった。息を引きとる直前まで、小さなノートに克明なメモをとり、思考の足跡を残していた。先輩たちの言葉のかけらは、わたしのキャリア教育として積みあげられていった。

■鉛筆の走りを目で追う

企画調査局に移動したのは一九八三年四月だった。企画調査局は、その政党の外交や安全保障、内政全般にわたる、基本方針などを企画・立案するセクションである。政治方針や運動方針の文章は、それまで身につけていた新聞記事の文章の書きぶりと、まったくくちがうものだった。新聞の場合、〝できごと〟を情報として仕入れ、それを記事にまとめる。当然のことであるけれど、客観性を装《よそお》った文章となる。

政党の政治方針や運動方針は、客観的な叙述は他人事《ひとごと》になってしまうので、党派性丸だしの分析や評価に基づいた文章となる。政治方針や運動方針は、常にメディアの取材対象となった。好意的な受けとめ方をされることもあったが、手きびしい批判を浴びることもある。

党内には守旧派と改革派が混在していたから、定期全国大会や全国代表者会議では、提案された運動方針をめぐって激しく対立し、それが報道されることで、有権者を食傷させることがくり返された。

政治方針は、世の中の動きや国民のニーズを無視して起草することはできない。それで新聞社の論説委員や専門家との懇談の場を設けて情報を仕入れた。クリック一つで情報を手に入れることのできる時代ではなかったのだ。月刊誌の『中央公論』、『世界』、『文藝春秋』、週刊誌の『エコノミスト』なども重要な情報源だった。新聞の社説、論説、論文、評論、単行本や文庫のルポルタージュ、そのほかのメディアで、内外の動向を読みとることは、わたしの喜びだった。ネット時代から見ると、実に古典的な手法に見えるにちがいない。

コンピュータ環境が整備されていなかった一九八〇年代は、政治方針も党幹部のスピーチ草稿も、記者会見用の文章も、談話や声明文、そのほかすべての文章は手書きだった。記者会見は、定例ばかりではなく、国会議員の不祥事や閣僚の失言、政府の失政、国際紛争や貿易摩擦の激化など、国内外で予期しない事件が出来《しゅったい》したときには必ず行われる。

一つの事例を挙げてみる。「大臣の失言問題に関して、書記長の記者会見が入ったので、談話を用意してもらいたい」と、広報局から連絡があると企画調査局のスタッフは、最優先でその作業に集中した。会見は一時間二〇分後である。

起案の担当者が決まると、複数のメンバーがそのまわりを囲み、鉛筆の走りを目で追いながら、「〝辞職に値する?〟、この書きぶりは一歩退いている。〝辞職を強く求める〟に書きかえよう」「〝なければならない〟は弱いよ。〝断じて許さない〟だな」。「〝しかし〟は前文の否定として解釈されるので、〝他方〟だ」。傍目八目《おかめはちもく》とはよく言ったもので、マス目を埋める者よりも、外から観察する者のほうが、文章の流れを冷静にとらえることができるのだ。

担当者が鉛筆を置いたときは、もう読み合わせを必要としない八〇〇字前後の「談話」が仕上がっていた。待機させていた東京・青山通りのマンション二階の印刷工房に送り、誤字・脱字の有無をF

ＡＸでやりとりし、記者会見の二五分前には印刷物となって広報局に届いた。

わたしが頼りにしていた、母親とその息子の二人で経営していた小さな印刷工房は、どんな無理でも聞き入れて、急ぎ働きで仕上げてくれた。わたしの職場にワープロやネット環境が整ったとき、廃業に追いこまれてしまった。企画調査局の仕事に就いて七年後の一九九〇年のことだった。

デジタルは仕事の流れを変えたばかりではなく、印刷工房のいのちまでも縮めてしまったことを、わたしは惜しむ。ＩＴ（情報技術）を基盤とする先端技術は、人類が大いなる進歩をとげたことの証《あかし》ではあるが、他方では体力の弱い会社は、ときの流れに押しつぶされた。昭和の幕が降りたとき、わたしの手書き原稿の時代は終わった。一九八〇年代のポケベルにはじまったデジタル媒体とのつき合いは、その後、ワープロからパソコンへ、携帯電話からスマホへと進化してきた。

■脳みそから消えた面舵《おもかじ》と寂然《せきぜん》

スマホは電話とショートメールに利用し、それ以外の目的で使うことは少ない。パソコンは文章を書いたり、資料を検索したり、ときおりニュースを読んだりするだけで、これも使用の範囲はきわめて狭い。内蔵された機能の多くは十分に使いこなせないし、わたしには、その必要もないのである。

それでも三〇年以上、デジタル機器は仕事に欠くことのできない、道具の一つでありつづけている。パソコンは漢字変換ができるので、国語辞典を活用する機会がめっきり減った。そのせいであろうか、この数年、表記できない漢字が増えてきた。もともと読める漢字にくらべると、書ける漢字のほうが少なかったので、さほどの気にもとめていなかったのだが、しかし小学校六学年までには習うはずの漢字が書けなくなっていることに気づいたときは、さすがに不安と焦りが募《つの》った。

ある日曜日の朝、テレビの画面に港の沖合でゆっくりと船首を右に切る白い漁船が映しだされた。青い海原《うなばら》で白い航跡を残して右へ旋回する漁船を見て、「面舵」と表記しておこうと、メモ用紙を取りだしたのだが、舟部《しゅうぶ》の右側の旁《つくり》がどうしても思いだせなかった。

ある年の晩夏、南アルプスの北岳《きただけ》の稜線に向かう、樹林帯の登山道で人の気配もなく、一瞬、鳥の声も風の音も途絶え、筆舌《ひつぜつ》につくせない静けさが訪れた。視界に入るのは、太古の昔からずっと在る原生林である。「寂然」という言葉が浮かんだので、ポケットからノートを取りだし、4Bのちびた鉛筆を当てたけれど書きあらわせない。

パソコンは、「おもかじ」であれ、「せきぜん」であれ、クリックすると、辞書を引くような手間はかからずに漢字にかえてくれる。この便利さに頼りきっているうちに、記憶力に変化が起こったのかもしれない。まだある。新聞や本の印象的な言葉を残そうと、パソコンに打ちこんだこともあったが、まったく記憶に残らないことがわかり、すぐにやめた。ノートに書きとめるほうが、語意を考えたり、言葉づかいに疑問を持ったりするせいもあって、記憶できることがわかったのだ。

大学時代にイギリス文学を専攻した友人も、同じ悩みを持っていた。漢字が書けなくなったばかりではない。ネットの短文に慣れたせいか、チャールズ・ディケンズの長編小説『荒涼館』を、読みかえすのも苦痛になったと言うのである。デジタルは、わたしたちの脳に、何かとんでもないことを働きかけているようなのだ。

ネットの利便性に興奮し、情報技術の進展にバラ色の未来を描く傾向が根強い。その一方で、デジタルの発展に肯定的な面と、消極的な面を調査研究して、分析・評価する専門家も増えている。両者の主張に耳を傾け、それぞれから提出された課題を熟考することは、きわめて大事なことだとわたしは思う。紙かデジタル化か、といった不毛な対立を退けて、紙とデジタルという異なる二つのメディアの特性を使いわけて、つきあう工夫が求められているのだ。グーテンベルク以来、五〇〇年間、紙に印刷され記録されてきた人類の知識と知恵、知能は、デジタル時代にもなお、有効な価値を生みだしつづけている。

ホルヘ・ルイス・ボルヘスは、読書は「叡知《えいち》に出会う」ことだと、読む行為の神髄《しんずい》を表現している。ながく心に留めておきたい言葉だと思う。デジタル時代だからこそ、必要とされるのは、「読む・書く・考える・伝える」という〝言葉の総合力〟と言えるだろう。これは、人間的な生き方や文化の土台であり、自分の心と世界の人びととをつなぐ架け橋なのである。

第四章

ハイテク企業のトップは、なぜ、わが子からスマホを遠ざけるのか

■あのころの脳が恋しい

ネット依存が人格形成や思考の育成などに、どのような影響を与えているのかを考えてみたい。わけても学校教育のデジタル化は、将来、子どもの脳や精神にどのようなことをもたらすのか。わたしはそのことに恐れと興味と好奇心が募り、内外の科学的な知見にふれてみたいと思った。果たして子どもの生活時間の大半を占めるようになったスマホは、子どもの精神にどのような影響を与えるのだろう。

スウェーデン人の精神科医アンデシュ・ハンセンは、著書『スマホ脳』（久山葉子訳・新潮社）でこう書いている。「スウェーデンでは二〜三歳の子どもたちのうち、三人に一人が毎日タブレットを使っている」と。まだきちんと話すこともできない年齢の子どもたちが、だ。

スティーブ・ジョブズは、自身の子どもたちには一〇代のうち、スマホを使っていい時間を厳しく制限していた。それは、スティーブ・ジョブズが極端だったわけではない。ビル・ゲイツも子どもたちが一四歳になるまで、スマホを持たせなかった。スウェーデンの一一歳児の九八％は、自分のスマホを持っているのに、である。スウェーデンで言えば、ビル・ゲイツの子どもたちは、スマホを持たない二％に属していたわけだ。

言うまでもなく、スティーブ・ジョブズはアップルの創業者、ビル・ゲイツはマイクロソフトの創業者である。ふたりとも、スマホはあまりにも依存性が強く、注意散漫を引きおこす道具であることを、だれよりも知っていたのだ。

いま、デジタル文明はどのような素顔をしているのだろう。その科学的な知見を紹介するまえに、文明と文化の違いについて、司馬遼太郎《しばりょうたろう》の定義に耳を傾けてみたい。司馬遼太郎はその著『アメリカ素描』(新潮社)のなかで、文明と文化の相違を実にわかりやすく説明している。

「文明は『たれもが参加できる普遍的なもの・合理的なもの・機能的なもの』をさすのに対し、文化はむしろ不合理なものであり、特定の集団(たとえば民族)においてのみ通用する特殊なもので、他に及ぼしがたい。つまりは普遍的でない」と定義する。

くわしく言えば、「たとえば青信号で人や車は進み、赤で停止する。このとりきめは世界に及ぼしうるし、げんに及んでもいる。普遍的という意味で交通信号は文明である。逆に文化とは、日本でいうと、婦人がふすまをあけるとき、両ひざをつき、両手であけるようなものである。立ってあけてもいい、という合理主義は、ここでは、成立しえない。不合理さこそ文化の発光物質なのである」。

どの国の文化も、その多くは美しく、人びとに安堵感《あんどかん》を与えるものなのだ。そこでここからはしばらく、内外の専門家たちのデジタル文明に対する科学的な知見を紹介し、二〇二〇年代の文明の諸相を見ておこうと思う。それはいまを生き、明日を生きる子どもたちのいのちに思いをはせることでもある。

驚くべきことは、さきに見たように、スマホなどデジタル機器を開発し、全世界に普及させたアメリカのIT企業のトップ、ビル・ゲイツやスティーブ・ジョブズは、世界中の子どもに、デジタル機器を売りまくりながら、わが子からはデジタル機器を遠ざけていたことだ。スマホが依存性と注意力の散漫を習慣化する、魔の道具であることを、だれよりも熟知していたので、スマホのかわりに本を与えたと言われている。そして、この経営者たちは稀有《けう》の読書家だった。

著述家のニコラス・G・カーは、著書『ネット・バカ　インターネットがわたしたちの脳にしていること』（篠儀直子訳・青土社）で、ネットの利点と負の側面を記述している。「目や耳を通じて、わたしの脳に流れこんでくる情報は、いまやほとんどがネットのなかにあったものだ」と記したあと、「以前の脳が恋しくなった」と言う。しばらくカーの著書によりかかりながら、デジタルの人間への働きかけの事例を紹介したいと思う。

カーはアップル・コンピュータ社が創業された一九七七年、アメリカ・ニューハンプシャー州のダートマス大学に入学する。ダートマスは、大学教育へのコンピュータの活用においてはトップを走り、学内にはコンピュータセンターがあって、メインフレーム・コンピュータ、ジェネラル・エレクトリック社製GE－六三五も二台、収められていた。

英文学専攻のカーは、数学や科学の授業はあらゆる手段を用いて回避していたが、ワープロ・プログラムの使い方は独学で習得する。カーにとって、デジタルとの出会いは、ちょっとした浮気にすぎなかった。彼の試験勉強の場所は図書館であり、参考図書の棚にある本を何冊もめくって調べ物をした。

カーは、のちに大事なことに気がついた。何十万冊もの本に囲まれていたのに、「情報過多」に由来する症状だとされる今日の不安感を、図書館で感じた記憶はないということだ。カーの次の言葉は、デジタルの利便性に有頂天《うちょうてん》になりがちなわたしたちに、紙の書物の存在価値について、静かに語りかけている。

あの本たちの控え目さには、何か心を安らかにさせるようなものがあった。然るべき読者が現われて、自分を棚から引き出してくれることを、彼らは何年でも、何十年でも待つことができた。彼らは埃っぽい声でわたしにささやいていた。「ごゆっくり。わしらはどこにも行かないからね」。

『ネット・バカ　インターネットがわたしたちの脳にしていること』
（篠儀直子訳・青土社・二〇一〇年）

■二ページも読めば、もう集中力が散漫になる

書物に敬意を表していたカーに、やがて異変が起こる。コンピュータがカーの生活に本格的に入ってきたのは、大学を卒業して五年後の一九八六年のことだった。貯金のほぼ全額をはたき、アップル社マッキントッシュの初期モデルを入手したのである。

デスクに置き、キーボードとマウスをつなぎ、電源ボタンをパチンと入れた。灯りがともり、歓迎のチャイムが鳴った。命を吹きこむミステリアスな手続きを受けながら、カーは微笑んだ。

あらゆるオンライン・サービスを試したなかで、夢中になったのはアメリカン・オンラインだった。やがてカーはインターネットに魅了される。それは一九九〇年代なかばのことで、リンクをたどれば、オンライン世界を気の向くままに旅することができるのだ。

カーは、無限とも見えるページたちを探索しつづけていた。ハイパーリンクと検索エンジンのおかげで、カーのスクリーンには言葉が、画像が、サウンドが、動画がきりなく供給された。カーは、ネットが大きな影響を自分にもたらしてくれることを感じとった。ネットのサイトやサービスに慣れると、自分の習慣や日常の行動が変わった。それればかりでなく、脳の働き方自体が変わりつつあることに気がついた。

カーは言う。「マイクロソフトのワードが、血と肉を持ったワープロにわたしを変えたのと同様

に、インターネットはわたしを、高速データ処理機械、いわば人間HERへと変えたのだ。以前の脳が恋しくなった」。カーは、以前とちがう方法で思考している自分を感じている。そのことをもっとも感じるのは、文章を読んでいるときだ。書物なり、ながい文章なりに、かつては簡単に没頭できたが、一、二ページも読めば、もう集中力が散漫になってくる。

カーは続ける。「ウェブは神様からの贈り物だった。図書館や書庫や雑誌室で何日もかかっていた調査が、いまでは数分でできてしまう」。だが、その恩恵には対価がともなった。カーは言うのである。「ネットは現在、わたしの集中力と思索力をそぎとっている」。

カーの友人たちも、同じつらさをかかえていることがわかった。ウェブの使用率が高い者ほど、ながい文章に集中するのがたいへんだと訴える。オンライン・メディアに関するブログを書いているスコット・カーブは、大学で文学を専攻し、貪欲な読書家だった。その彼がいまは、本を読むことをすっかりやめてしまった、と告白する。

■『戦争と平和』を読む耐心《たいしん》がないんだ

ミシガン大学メディカル・スクールの病理学者ブルース・フリードマンの話はこうだ。「ウェブ上であれ、印刷されたものであれ、ながい文章を没頭して読む能力を自分はすっかり失ってしまった」。医学界でのコンピュータ使用についてブログを運営しているフリードマンは、カーに電話でこう語った。「もう『戦争と平和』が読めないんだ。そんな能力はなくしてしまった。ブログ記事さえ、三、四段落よりもながくなると、もう集中できない。斜め読みになってしまう」。

デューク大学教授のキャサリン・ヘイルズは、「学生たちに丸一冊本を読ませることが、もうできなくなっている」と打ちあけた。ヘイルズは英文学の教授である。学生たちとは、文学を専攻する学生たちなのだ。

カーが著書で紹介した人びとに、職業の域を超えて共通しているのは、「集中力の喪失」である。このような事例を科学はどう説明するのか。カーの著書によると、ネットが大規模な脳の変化を引きおこしていることを発見したのは、UCLA（カリフォルニア大学ロサンゼルス校）の精神医学教授で、同大学の記憶・加齢研究所所長のゲイリー・スモールである。デジタルメディアの使用がもたらす生理学的・神経学的影響を研究しているスモールは述べる。

「コンピュータ、スマートフォン、検索エンジンなどのツールの日常的使用は、脳細胞の変化と神経伝達物質の放出を誘発し、脳内の新たな神経回路を徐々に強化し、その一方で古い神経回路を弱体化させる」。新たな神経回路の強化、古い神経回路の弱体化、ということはデジタルによって、「新しい脳」がつくられているということなのか。

二〇〇八年、スモールは二人の同僚とともに、ネットの使用に応じて人間の脳が変化していることを実証するため、実験にとりかかった。被験者はウェブ・サーフィンに慣れた一二名、初心者一二名の計二四人である。実験の結果、グーグル検索経験者の脳の活動野が、初心者のそれよりもずっと大きいということであった。

コンピュータに熟達した被験者は、前頭前野背外側部として知られる、脳の左前方部分の特定の網状組織を使用していた。ところが初心者では、この領野の活動は小さいものであった。対象実験として、読書を模《も》して普通のテキストを読んでもらった。この実験で明らかになったのは、二つのグループ間で脳の活動野の違いは顕著に見られないということだった。

ネット使用者の独特の神経回路は、明らかにインターネット使用によって発達したものであり、これが文章の深読みなど理解と記憶をさまたげ、集中力をそぎおとす役割を果たしている。デジタル・テクノロジーの普及は、生活様式やコミュニケーションのあり方に変化をもたらすばかりではなく、デジタル脳を創造しているのである。ネット以前の生活に再び戻ることはありえないことを、百も承知のうえでカーは、次のように語っている。

われわれはみずからこれを考察し、何を失いそうになっているかに注意を払う責任がある。「人間的要素」は時代遅れで無用なものだという考えを、疑うことなしに受け入れてしまったとしたら、とりわけ、子どもたちの精神の育成ということを考えた場合、それは何と悲しいことであるだろうか。（中略）コンピュータに頼って世界を理解するようになれば、われわれの知能のほうこそが、人工知能になってしまうのだ。

『ネット・バカ　インターネットがわたしたちの脳にしていること』

■注意散漫はコンピュータの属性である

ＩＴ（情報技術）先進国のアメリカでは、コンピュータ、スマートフォン、その他のデジタル・テクノロジーの日常的使用の影響に関する調査・研究がさかんになった。ニコラス・Ｇ・カーの著書もその一つである。これまで紹介してきたように、科学的知見で共通しているのは、人間の集中力が損なわれ、脳の大規模な変化が引きおこされているという発見だった。

ＵＣＬＡの精神医学教授ゲイリー・スモールは、二〇〇八年に二人の同僚との実証研究で、ネットに熟達した者の脳は、即時情報に対応しようと、忙しく飛びまわるため、その動きのせいで集中力をそがれるということを発見している。

コンピュータの属性ともいうべき注意散漫状態は、読書という行為にも明瞭にあらわれる。ワシントンDCにある倫理公共政策研究所の特別研究員クリスティン・ローゼンが、電子書籍リーダーのキンドルをつかって、チャールズ・ディケンズの小説『ニコラス・ニックルビー』を読んだときの体験はこうである。

「どうやって読んだらいいのか、最初ちょっとまごついたけれど、すぐにキンドルの画面に慣れ、スクロールしたり、ページをめくったりするボタンの操作もマスターした。とはいえ、ある程度の時間を続けて読もうとすると、視線はひとところに落ちつかず、あちこち飛びまわってしまった。ウィキペディアでディケンズについて調べ、ディケンズの短編小説『マグビー・ジャンクション』へのリンクをたどり、そのまままっすぐ、インターネットのウサギの穴（『不思議の国のアリス』になぞらえている）に飛びこむはめになった。二〇分経っても『ニコラス・ニックルビー』に戻れなかった」。

歴史家のダニエル・ベルが、二〇〇五年、新しい電子書籍『ナポレオンのプロパガンダの誕生』をインターネットで読んだときの体験も生々しい。ほんの数クリックで、テキストがコンピュータ・スクリーン上に正しく表示された。読みはじめたところ、よく書けている有益な本だというのに、集中力を保つことがひどくむずかしいことに気づいた。上下にスクロールし、キーワードを検索し、ふだんより頻繁《ひんぱん》にコーヒーのお代わりをし、メールが来ていないかを確認し、新着ニュースをチェックし、机の引き出しのファイルを整理した。とうとう読みおえたときは満足な気持ちだった。ところが一週間後、読んだ内容を思いだそうとすると、なかなか思いだせなくなっていた。こうした読書現象について、カーは指摘する。

インターネットは、知的・社会的趨勢《すうせい》が継続していることを表わすものである。その知的・社会的趨勢は、二〇世紀に人々が電子メディアを受け入れたことから始まり、われわれの生活と思考をこれまでずっと形成してきた。われわれの生活において、注意散漫状態は長らく増大してきたが、ネットほど広範かつ執拗に注意分散を行なうべく作られたメディアは、これまで存在しなかった。

『ネット・バカ　インターネットがわたしたちの脳にしていること』

■脳の発達を阻害するネット

アメリカの認知科学者、メアリアン・ウルフの著書『プルーストとイカ　読書は脳をどのように変えるのか?』(小松淳子訳・インターシフト)を、わたしが手に入れたのは二〇〇八年の秋だった。

ウルフは「一般の若い読み手たちは、画面に表示される情報の即時性とうわべの包括性にすっかり慣れてしまって、批判的な努力も、与えられた情報以上のものを得ようとする必要もなく、すべてを手に入れられるようになってしまったために、文章の分析やより深いレベルの意味を探ることを時代遅れと思いはじめているのではないか」。「だからこそ、問いかけているのだ。私たちは、文章の枠を超えて、読字のプロセスの神髄を学んでいるのか」と。

こうした警鐘は、ネット使用やデジタル機器の活用には反対だといった、単純な考え方から発せられているのではない。人類が数千年にわたる読書の歴史のなかで、つちかってきた資産や能力が急速に失われないか、それを心配している。

文章を読むことにくらべれば、インターネットへのアクセスは楽である。その楽なアクセスに味を占めてしまった大勢の生徒たちが、批判的に文章を読んだり、自分でものを考えたりする力を低下させていることを、ウルフは危惧する。

彼女は親と教師にこう呼びかけている。「デジタル資源に熱中するあまり、あらゆる情報の裏に潜んでいる意味を評価、分析し、優先順位をつけ、吟味する能力の発達に支障をきたすことのないように、最大限の注意を払わねばならない」と。

アメリカやフランス、北欧の知識人、専門家は二〇〇〇年初頭から現在に至るまでに、ネットやスマホのプラス面とマイナス面について、科学的根拠に基づく数々のメッセージを発信してきている。

メアリアン・ウルフも『デジタルで読む脳×紙の本で読む脳』(大田直子訳・インターシフト)で、デジタル中心の媒体にどっぷりとつかりながら文字を読むとき、子どもたちの脳になにが起きているかを発見した。人間の脳が六〇〇〇年近い歴史のなかでたくわえた、読み書き能力を基礎とする文化全体が、まったく異なるデジタルベースの文化へと変容しはじめていたのである。

フランスの認識神経科学の専門家ミシェル・デミュルジェは、その著書『デジタル馬鹿』（鳥取絹子訳・花伝社）で、幼児期に発達の基本となる刺激や経験を「画面」に奪われると、そのとき、「身につかなかった」ことを、あとで取りもどそうとしても、非常にむずかしいことだということを発見した。

これはどういうことなのか。わたし自身の体験に即して考えてみたい。たとえば、紙の国語辞典で「せい」という漢字を探すとしよう。まず「せい」の見出し語が、どのページにあるかを探すことから始まる。そのためには、五〇音順の「せ」を確認しなければならない。

次に、第二文字の「い」を見つけて「せい」にたどりつく。岩波国語辞典（第八版第一刷）の場合、「せい」の項は、「背」に始まり、次は「所為」が来て、「井」「世」「正」「征」「政」「整」といった漢字が三四も列をつくる。それぞれの説明を読み、自分が知りたい漢字を選ぶわけだが、辞典は一覧性なので、「せい」の項が終わりになるころには、次の見出し「性愛」や「性悪」も目にとまる。それもついでに読むともうかったような気分になる。

ネット検索で辞書・辞典にアクセスできるわざを熟知したあとに、紙の百科事典や国語辞典の使い方を覚えようとすると非常な困難をともなうと、デミュルジェは言っているのだ。印刷された辞書・辞典は、使えば使うほど調べる技術が上達し、その奥行きの深さに感動することがある。国語辞典を引く行為は、辞典という完結した連続体の仕組みを理解する過程である。面倒くさい手続きのように見えるけれど、慣れてくると実に楽しいし、目的の言葉にたどりつこうと注意も集中する。そのプロセスには、〝考える行為〟も織りこまれている。ここが注意散漫を属性とする、ネット検索との決定的な違いなのだ。

■夜、うなされるシリコンバレーのエリートたち

クリック一つで、瞬時に情報を取得できるインターネットは、子どもたちに検索のまえに「自分で考えよ」とは迫ってこない。だからこそ、子どもの思考力の育ちをうながすためには、子どもが本や辞典、そのほかの印刷媒体と日常的に出会う機会を、意識的につくらなければならない。これは、ネット時代における家庭や学校の役割である。

アメリカのＩＴ企業の創業者や経営のトップたちが、自分の子どもが一定の年齢に達するまでは、その身辺に、スマホやネットやタブレット、コンピュータゲームなどのデジタル機器を置かなかったことを思いだそう。ネットやスマホは、人間の依存性を高め、思考力の育ちをさまたげる機能を蔵していることがわかっていたのだ。デジタルスクリーンが子どもの脳を破壊することをわかっていたの

であろう。

スウェーデンの精神科医アンデシュ・ハンセンは、アメリカのIT企業のトップは、ネットのあまりの依存性の高さをおそれ、自分の子どもにはスマホを与えていないと書き、次のエピソードを紹介している。

アップルの創業者スティーブ・ジョブズは、サンフランシスコで開かれた製品発表会でiPadをはじめて紹介し、「インターネットへのアクセスという特別な可能性をもたらす、驚くべき、比類なき存在」と最大級の賛辞をあびた。しかし、あまりに依存性が高いことに気づいていたので、自分の子どもの使用には慎重で、自宅ではiPadをそばに置くことはなかった。

マイクロソフトの創業者ビル・ゲイツが、自分の子どもが一四歳になるまでスマホを持たせなかったのは、ネットの恐さを知りつくしていたからだ。スマホ中毒や依存性の弊害から、自分の子どもを守る対策を講じたのである。

フェイスブックの「いいね」機能を開発した、アメリカ人のジャスティン・ローゼンスタインは、自分の創造物が度をすぎて魅力的と感じながら、フェイスブックの利用時間の制限を決め、スナップチャットのほうはすっぱりとやめた。依存性ではヘロインに匹敵するからというのがその理由だ。製品を開発するときは、思ってもみなかった悪影響を与えることにあとで気づいたという、「いいね」の開発者の発言は、後悔の念とも受けとれる内容である。

「シリコンバレーは罪悪感でいっぱい」とハンセンが記すように、iPadやiPhoneの開発に携わったアップル社の幹部トニー・ファデルも、スクリーンが子どもを夢中にさせることを危惧する。

冷や汗をびっしょりかいて目を覚ますんだ。僕たちはいったい何を創ってしまったんだろうって。うちの子供たちは、僕がスクリーンを取り上げようとすると、まるで自分の一部を奪われるような顔をする。そして感情的になる。それも、激しく。そのあと数日間、放心したような状態なんだ。

アンデシュ・ハンセン『スマホ脳』(久山葉子訳・新潮社・二〇二〇年)

テクノロジーに精通しているシリコンバレーのエリートたちは、自分たちが開発した製品を恐れ、夜、うなされているというのだ。現代人を虜《とりこ》にするスマホの魔力を十分に知悉《ちしつ》しているから、自分の子どもから遠ざけたのであろう。

『世界』(二〇二〇年五月号)で、上智大学理工学部教授の辻元《つじはじめ》さんは、アマゾンCEOジェフ・ベゾスの意向で、アマゾン社内でのパワーポイントの使用を禁止したと紹介している。その理由についてベゾス氏は、「文章を書くのはむずかしい。それぞれの文中には(適切な)動詞があり、それぞれの段落にはトピックがある。明確でクリアな思考がないと、ストーリーとして構築された六ページのメモを書くことは不可能だ」と述べている。

辻さんは、この言葉のなかに教育の本質が含まれていると見る。つまり、クリアな思考とは、得た情報を自分で考え、その情報を整理、分析、思考して、そこにある構造を浮きぼりにし、ものごとをクリアに俯瞰《ふかん》できるということである。辻さんによれば、パワーポイントはカラフルな図やチャート、グラフで受け手に強い刺激を与えるが、そのことが必ずしも受け手の理解につながるとは限らない。

ジェフ・ベゾスが社内でのパワーポイントの使用を禁止したのは、情報を整理、分析、考察する力が抜けおちるからである。社員の知の劣化を憂慮したのであろう。ベゾスの主張は、デジタル教科書・教材が持つ一面の真実を語ったものとして、よく吟味したいものと思う。

第五章

データ資本主義とビッグ・ブラザー

■電子足跡として残される個人情報

パソコンやスマートフォンの利便性の見返りに、わたしたちはサービス運営のＩＴ企業にこまかな個人情報を無条件で提供することになる。

黙っていても押しよせてくる膨大な個人情報は、これまで体験したことがない経済社会を創出している。そのリーダーがＧＡＦＡＭ（グーグル、アップル、フェイスブック、アマゾン、マイクロソフト）といったＩＴ企業群である。

いま、グーグルが無料で提供する検索サービス、メール、地図、天気予報、カレンダーなどをだれもが使用している。利用後は、必ず「電子足跡」というものが残されていく。その電子足跡には、利用者の個人情報が記録されており、自動的にグーグルやアップルといった会社に集積される。それは一般的な情報ではなく、詳細な個人情報である。

たとえば、わたしはいま、スマホから資料依頼の短文を友人に送った。このショートメールの内容はその友人だけではなく、送信内容や位置情報がサービス会社にも届く。サービス会社には、スマホやネットの利用者が増え、利用頻度が高まれば高まるほど、黙っていても、続々と膨大な個人情報が集まってくる。これが「ビッグデータ」と呼ばれているものなのである。

ビッグデータとは、「スマートフォンやインターネットなどを通じて、集められるデータ」のことだ。このビッグデータは、これまでになかった「新しい経済社会」をつくりあげた。この「新しい経済社会」を論じるにあたって、早稲田大学ビジネス・ファイナンス研究センター顧問の野口悠紀雄《のぐちゆきお》さんは、『データ資本主義　21世紀ゴールドラッシュの勝者は誰か』(日本経済新聞出版社)のなかで、〝データ資本主義〟という概念を提出している。

この本は二〇一〇年代に日本と世界で生じているデジタル社会の状態を鋭く分析するとともに、ビッグデータが収集される過程や、その活用法、収益の仕組みなどについて、事例をあげて説明している。二〇〇〇年一〇月に始めたグーグルの「検索連動型広告」をめぐるエピソードは、広告業界の景色を大きく変えたことを教えてくれる。これは、検索された言葉に関連のある広告を出す方式で、たとえば、利用者が「カメラ」と入力すれば、カメラの広告を出す。二〇〇三年三月には「アドセンス」という広告を発明した。

これは、グーグルのシステムが自動的にウェブサイトの内容を解析し、それに合った広告を配信するシステムだ。たとえば、パソコンの使い方を解説しているサイトなら、自動的にPCの広告が表示される。野口さんはネット広告の強みについて、次のように述べている。

従来の広告は、一般向けだ。新聞(とりわけ全国紙)やテレビは、全国民を対象にしている。したがって、広告も一般的なものにならざるをえず、その効果も希薄化される。購入する可能性がない人々に対しても広告がなされているからだ。それに対してグーグルの方式では、ターゲットを絞った広告が可能だ。これは、グーグルが検索やGメールを介して入手した個人情報を利用できるからだ。（中略）グーグルが新しいビジネスモデルである検索連動広告やアドセンスで成功したことは、広告とメディアの姿を大きく変えた。こうして、広告は従来のメディアからインターネットへと移行しつつある。

『データ資本主義　21世紀ゴールドラッシュの勝者は誰か』（日本経済新聞出版社・二〇一九年）

ビッグデータは、さまざまな新しい可能性を切りひらく、プラス面があることを十分に認めながら、野口さんはプロファイリング（個人情報の推定）が、社会でひろく使われることがもたらす問題点を鋭く指摘する。プライバシーの侵害にとどまらず、監視社会、管理社会がもたらされることへの危機感をお持ちなのである。

たとえば、グーグル・ストリートビューで取集されている情報だ。別の情報源によって住所がわかれば、ストリートビューを参照することによって、その人の住居がどのようなようすか、暮らしぶりが簡単にわかってしまう。

自動的に残される電子足跡を利用すれば、個人の行動は詳細にわかる。ビッグデータ時代の国民は、ビッグ・ブラザーに支配されるものではないが、もっと巧妙に操《あやつ》られるだろう。政府はビッグデータを集めるうえで、きわめて有利な立場にある。街頭のカメラ、パスポート、運転免許証、身分証明書などの手段を通じて、正確な個人データを集められる。警察や公安活動と連携すれば、きわめて強力だ。そして、データをコントロールすることによって、権力者に反対する人を排除することも可能だ。

野口さんの言うビッグ・ブラザーとは、ジョージ・オーウェルの小説『一九八四年』に登場する独裁者である。ジョージ・オーウェルはイギリスの作家で、『動物農場』は世界の読者の絶賛を浴びた。『一九八四年』は、第二次世界大戦後の一九四九年に発表され、彼の最後の作品となった。小説でビッグ・ブラザーは、つぎのような趣で登場する。

外の世界は締め切った窓ガラス越しにも寒々《さむざむ》として見えた。眼下《がんか》の路上では小さなつむじ風が埃《ほこり》や紙切れを渦巻《うずま》くように舞い上げていた。太陽が輝いてどぎついほどの青空だったが、ここかしこに貼られているポスター以外、すべては色を失っているようだ。黒い口髭の顔が見晴らしのきく街角のいたるところから見下ろしている。真向かいの建物の前面にもそれはあった。〝**ビッグ・ブラザーがあなたを見ている**〟キャプションにはそう書かれ、黒い目がウィンストンの目を覗《のぞ》き込むように見つめている。

『一九八四年』(高橋和久訳・早川書房・二〇〇九年)

この小説は、ビッグ・ブラザーが指導する全体主義社会の近未来を描いている。黒い口髭の顔は、かつての旧ソ連共産党書記長のスターリンを想わせ、描かれる監視社会の状況は、一九九一年に崩壊するまでのソビエト社会主義共和国連邦を彷彿《ほうふつ》させる。

国立大学の大学院で経済学を学んでいた親友のすすめで、わたしが『一九八四年』を読んだのは、二〇歳のときだった。社会主義社会に憧れていたわたしは、この小説は、反社会主義をテーマにした政治小説ではないかと不快に思った。

■よみがえるビッグ・ブラザー

わたしが憧れていた社会主義は、経済的な豊かさを人びとは享受《きょうじゅ》し、政治的自由が確立され、何よりも人間が大切にされる社会であって、『一九八四年』のビッグ・ブラザーのように、人間をことこまかに監視したり、スパイ団に組織された子どもが、自分の母親を監視したりするような社会ではなかったのだ。

しかし『一九八四年』で描かれた小説の世界を、現実に移しかえるような事件が起こったのは、一九六八年四月のことだった。チェコ共産党が複数政党制の必要性を決議（プラハの春）して、一党支配の改革に乗りだし、六月には、チェコの作家ルドヴィーク・ヴァツリークの呼びかけで、知識人七〇名が「二千語宣言」を発表し、民主化・自由化を擁護した。

ソ連のプラウダ紙は、チェコの民主化運動をきびしく批判したが、チェコ共産党幹部会は、「民主化の基本線を定めた、党の行動からは一歩も退かない」という決意を、全世界に向かって発信した。

それから二日後の八月二〇日、ソ連、東ドイツ、ポーランドなど、ワルシャワ条約機構から派遣された軍隊は、予告なしにチェコに侵入し、民主化擁護のドプチェク共産党第一書記や「二千語宣言」に参加した知識人をすべて追放し、「プラハの春」を圧殺した。

民主主義は、国家の主権が国民にあり、国民が自らのために、自由と平等を保障する政治を行うことである。軍隊を派兵して、民主化をめざす国を崩壊に追いこむことは、どんな理由があっても許されることではなく、わたしの憧れる社会主義とは、まったく異なるものであった。ソ連型社会主義にわたしは絶望してしまった。一九六八年の春、二五歳だった。

表現の自由や報道の自由を認めない社会は、いかなる政治体制のもとであっても認められるものではない。スターリンの支配下にあった、一九二八年から五三年までの約二五年間で、ソ連国内では飢饉や残虐行為で、二〇〇〇万人が命を奪われたとするデータを読んだのは、ずっとのちのことである。

〝ビッグ・ブラザーがあなたを見ている〟という監視社会は、時代を下ってコンピュータ・テクノロジーと融合し、監視形態も緻密化され、巨大化を続けている。二〇一八年の春、顔認証技術と特殊なサングラスを装着した警察官が、中国・江西省南昌市のコンサートに集まった六万人近くの群衆のなかから、犯人ひとりを発見するという出来事があった。

国民一人ひとりの掌握と監視が、近未来の話ではなく、すでに生じている現実なのだ。中国では表現や報道も検閲の対象であり、体制批判も許されていない。一九七六年四月、故周恩来首相の追悼集会禁止措置に抗議する北京市民に、人民解放軍を出動させて弾圧した、いわゆる「天安門事件」に関する書物を、中国の人びとはいまなお、読むことを禁止されていると伝えられている。

中国では富裕層であっても、名声があっても、共産党支配の体制を批判すると、汚名をきせられ捕えられる。行方不明になることもめずらしくない。二〇二一年に世界が注目したのは、中国の著名なテニス選手が、中国共産党幹部から性的暴行を受けたと明かしたあとに、行方がわからなくなったことだ。共産党幹部を擁護するために拉致され、監禁されている可能性もあると指摘されている。この国では、ビッグ・ブラザーが、とめどもない肥大化を続けているように思う。

■人類がまだ経験したことのない社会の到来

ビッグデータを活用して繁栄する社会の様相を、二〇一六年の世界経済フォーラム＝ダボス会議は、「第四次産業革命」という言葉で表現した。第四次産業革命の基盤は、ＡＩ（人工知能）、ビッグデータ、ＩｏＴ（Internet of Things：モノのインターネット）、ロボット、バイオテクノロジーなど、高度な先端技術である。この先端技術があらゆる産業や社会生活に浸透し、これまで人類が経験したことのない変化が起こっている。

かえりみて第一次産業革命は、一八世紀なかばから一九世紀にかけてイギリスで始まり、鉄鋼業や海運業、鉄道などを飛躍的に発展させ、生産や生活の基本的な基盤が形成された。その推進力は、水力と蒸気だった。当時の経済・社会の雰囲気はフリードリヒ・エンゲルスのルポルタージュ『イギリスにおける労働者階級の状態』（岩波書店）にくわしく描写されている。

第二次産業革命は、一九世紀後半から二〇世紀後半にかけてすすみ、大工場の生産システムが整備され、重化学工業の発展をうながした。エネルギー源は電気だった。

第三次産業革命は、一九八〇年代以降のＩＴ革命であり、コンピュータの開発と普及でデジタル化が促進された。このＩＴ革命は日本ではうまくすすまず、ＩＴ革命の象徴であるｉＰｈｏｎｅの部品の七割は日本製でありながら、利益の九割以上はアップルがもうけて、アメリカ企業のひとり勝ちに終わった。

その舞台は、アメリカ・サンフランシスコ湾岸にあるシリコンバレーだった。シリコンの半導体でＩＣ（集積回路）をつくるメーカーがここに集結したことで、シリコンバレーと呼ばれるようになったのだが、その主役を演じたのが、ＧＡＦＡＭ（グーグル、アップル、フェイスブック、アマゾン、マイクロソフト）の企業群だった。

第四次産業革命は、ビッグデータやＡＩ（人口知能）を基盤に推しすすめられる。第四次産業革命に対する日本政府の基本方向は、二〇一六年一月に閣議決定された「科学技術基本計画」で示された。しかしダボス会議の「第四次産業革命」という定義を避けて、「Ｓｏｃｉｅｔｙ4.0」と名づけている。

人類が自然と共生しながら、狩猟や採集をしてきた狩猟採集社会を「Ｓｏｃｉｅｔｙ1.0」、人類が定住生活に入り、国家を築くようになった農耕社会を「Ｓｏｃｉｅｔｙ2.0」、産業革命によって工業化を推しすすめ、大量生産・大量消費を可能にした工業社会を「Ｓｏｃｉｅｔｙ3.0」として定義し、その発展・進化した社会が第四次産業革命、つまり「Ｓｏｃｉｅｔｙ4.0」である。

一九九〇年代このかた、情報社会はひろく深く進展し、ネット経由で大量の情報やデータにアクセスし、大量のデータを分析することで、つきることのない新たな価値を生みだす地点に到達した。「Ｓｏｃｉｅｔｙ5.0」は、そうした社会がもう一段階、進展したものと構想されている。日本政府の描く「Ｓｏｃｉｅｔｙ5.0」の社会像は、一つには、あらゆるモノがインターネットでつながるＩｏＴにより、さまざまな知識や情報が共有され、いままでにない新たな価値が産みだされること、二つには人工知能により、必要な情報が必要なときに提供されるようになり、膨大なデータから最適解を導きだすことが可能になること。三つには、ロボットや自動走行車などのロボティクスの進展により、人間の可能性が大きくひろがること、ということになる。

「Ｓｏｃｉｅｔｙ5.0」では、高度化された先端技術が、あらゆる産業や社会生活に浸透し、人類がこれまで経験したことのない劇的な構造変革が起こる。すでにＡＩの機械学習は高度なものとなり、音声認識や画像理解、言語翻訳などの分野では人間以上の能力を持ち、これらを応用した自動走行車やドローン（無人ヘリコプター）、会話ロボット・スピーカー、介護ロボット、翻訳機、医療診断補助などの実用化は、すでに成功している。

ＡＩの「機械学習」とは、ＡＩが正解つきのデータをもとに学習する手法のことである。これまでは精度を上げるために、質の高いデータを一定量そろえなければならなかった。それがいまは、「強化学習」の手法がとられている。強化学習とは、過去のデータに頼らずに、ＡＩ自身がコンピュータ上などで、成功と失敗を積みかさね、試行錯誤して、自ら最適な行動を学習する手法のことである。

近年、半導体不足がＩＴ製品や自動車生産など、あらゆる産業に影響を与えており、この苦境を脱するための切り札として、ＡＩの活躍が期待されている。技術・技能を高めたＡＩが半導体設計の射程に入り、実用化は時間の問題とされる。

おさらいすれば半導体とは、導体と絶縁体の中間の電気伝導率を持つ物質で、低温では電気を通さないが、高温になると導体として働きはじめる。半導体の設計は高度で複雑で、指先にのるサイズのチップ上には、大量の論理回路が集積し、配置パターンは一〇の二五〇〇乗以上、つまり一のあとに〇が二五〇〇個以上も並び、この天文学的な数の組み合わせのなかから最適な設計を導きだす。

二〇二一年一二月一〇日付の『日本経済新聞』が報じているように、ＡＩ自身が試行錯誤して、職人を圧倒する技を身につけると、設計者の労力を何千時間も節約できる可能性がある。人間の設計者が数か月ほどかけて設計したものと、同等以上の回路配置を六時間以内に生成できる。

人間でなければ遂行できないと考えられてきた領域にまで、技術革新の連鎖はひろがっている。それゆえにＡＩやロボティクスの急速な発展とその将来に、バラ色の夢を託する人は少なくない。「Ｓｏｃｉｅｔｙ5.0」時代は、だれもが必要なときに、最適な情報やサービスの提供が受けられる社会として描かれているのである。

バラ色の夢のキャンバスには、もちろんトゲの物語も潜んでいる。いわゆる光がつくる細くながい影だ。影とは多くの仕事がＡＩやロボットに代替され、大量の失業者が生まれるという定説のことである。

石炭から石油へと大転換した一九五〇年代後半のできごとは、炭鉱で働いていた肉体労働者の雇用に衝撃を与えたが、「Ｓｏｃｉｅｔｙ5.0」の時代は肉体労働者だけではなく、頭脳労働者にも大きな影響が出ると想定されている。

■大量失業時代はやってくるのか

東京大学名誉教授の佐藤学《さとうまなぶ》さんは、その著書『第四次産業革命と教育の未来　ポストコロナ時代のICT教育』(岩波書店)で、AIやロボット、IoTにうばわれる仕事の領域のひろさを指摘する。

二〇三五年までにイギリスで三四%、アメリカで四二%、日本で四九%の労働者が、AIとロボットに代替され、おなじく二〇三五年までには、自動運転がひろまり、タクシー、バス、トラックの運転労働者のうち九八%が失業し、店舗も無人化してしまうというのだ。

雇用環境にすさまじい変動が起こるわけだが、他方では先端技術はこれまでにない新しい職業もつくりだすので、失業の心配はないという見方もある。しかし、この見方が的を射るには、雇用のミスマッチが起きないことが大切な条件である。

佐藤さんはこう指摘する。先端技術が生みだす労働は、そのほとんどが現在の頭脳労働よりも高度の頭脳労働となる。この変化・変動に人びとの学びが追いつかなければ、大量の人びとが社会から排除されてしまう。技術の発展で新しい雇用が生まれるとしても、それに対応できるだけの準備が労働者側になければ、雇用のミスマッチは避けられないのである、と。

二〇二三年から数えて二〇三五年まではわずか一二年であり、この短い歳月で、雇用のミスマッチを起こさないような準備を整えなければならないのだ。

国立情報学研究所教授である新井紀子《あらいのりこ》さんのAIと雇用の関係に対する問題意識も興味深い。新井さんは、わたしたちに迫ってきているのは、勤労者の半数を失業の危機にさらしてしまうかもしれない実力をつちかったAIと、ともに生きていかざるを得ない社会であると指摘する。労働市場へのAIの参入によって仕事が楽になり、バラ色の未来を謳歌《おうか》するためには、AIには手に負えない仕事を、大多数の人間が引きうけられる能力のあることが大前提であり、人間の側が充分な対応を備えなければ、労働のミスマッチが起こる。

佐藤さんの指摘と、ほぼ重なりあっている。ではAIにできない仕事で、人間にはできる分野はあるのか。新井さんは、オックスフォード大学の研究チームが予測する、二〇年から三〇年後に「残る仕事」を紹介している。それはレクリエーション療法士、機器の整備・設置・修理の第一線監督者、危機管理責任者、メンタルヘルス・薬物関連ソーシャルワーカー、聴覚訓練士、作業療法士、医師、栄養士、心理学者、小学校教師などである。

「残る仕事」の共通点を探してみると、その多くはコミュニケーション能力や理解力、介護や看護などのように、高度な読解力や柔軟な判断力が求められる分野だ。つまり、柔軟な判断力は、AIの不得意な領域であり、AIには代替できない分野ということになる。もちろん、人間ならだれでもできるのかと言えばそうではなく、知識や技術、読解力や応用力、柔軟性や想像力の備えが必要である。

佐藤さんも新井さんも、雇用問題をネガティブな面からだけ、とらえているわけではない。二人が憂慮《ゆうりょ》しているのは、激変する雇用状況に対応して、変化を受けいれる準備が労働者側にあるかということだ。このポジティブな面が、これからの雇用政策の核となるにちがいない。

二人の問題提起は、個人の自助努力だけで解決できるものではないことを強調したものだ。デジタル庁を設置してまで、社会全体のテクノロジー化をすすめようとしている政府の責任は大きい。雇用の安定を図り、完全雇用を確立することは、いかなる時代においても国家の最大の政策課題である。

安倍政権の時代は、新自由主義による市場主義を暴走させ、あらゆる面で格差を生み、貧困層を増加させた。「新しい資本主義」を提唱する岸田政権は、生じつつある雇用問題を非正規社員の増大で乗りきるような、姑息《こそく》な政策手法を取るべきではない。

オックスフォード大学の研究チームが「米国の仕事の四七％は、機械に代替可能」という衝撃的な論文「雇用の未来」を発表したのは二〇一三年だった。この論文で技術と雇用を分析した、オックスフォード大学のマイケル・オズボーン教授は、「どの仕事をテクノロジーに任せるのか注意深く選ばないといけない。人間の尊厳を傷つけず、かつ人間にとって退屈な仕事は置き換えが有効だろう」と述べ、つぎのように続ける。「人の力とロボットの強みの双方を把握し、手を取りあって働く状態こそ理想だろう。将来を見すえたとき、人しか持ちえない労働力の余地はなお大きい」「四七％はあくまでも自動化への技術的な可能性だ。予測でも実状でもない」(日本経済新聞　二〇二一年一二月一八日付)。オズボーンもまた、人間の側の備えの重要性を説いているのだ。

■ロボット一台で雇用者数が二・二％増える

日本経済新聞は定期的に、イギリスのエコノミスト誌の記事を翻訳し掲載していて、海外メディアの論調を学ぶことができる。この紙面があるだけでも、日本経済新聞を宅配で購読する意味があると、わたしは思う。

二〇二二年一月二二日付の日本経済新聞には、〝「ロボットが雇用を奪う」は誤りか〟の見出しがついた評論が載っていた。この記事の筆者は、雇用に関する経済学者たちの多様な分析を紹介し、初期のころ、雇用が奪われるという論調があったが、最近の論文は真逆になっていて驚く、と述べている。これは研究者たちの考え方が間違っていたのではなく、統計学的な手法の違いや、分析方法の進歩があると書く。

わけてもアメリカのイェール大学で経済学を専攻し、現在、デンマークのオーフス大学経済学部助教授の足立大輔《あだちだいすけ》さんたちが採用した手法はすぐれているという。足立さんの研究チームは、一九七八年から二〇一七年まで長期にわたり、日本の製造業を調べ、従業員一〇〇〇人につきロボットが一台増えることで、企業の雇用者数が二・二％増えることを明らかにした。

フランスの経済学者フィリップ・アギオンは、自動化の直接的な影響として、企業レベルでの雇用は減少するのではなく、増加する可能性があるとした。自動化と雇用の関係は、いまのところ、すっきりと見通せる科学的知見はない。統計学的な手法の相違が、真逆の結論を導きだしているからである。

歴史学者の視点も見ておこうと思う。イスラエルの歴史学者ユヴァル・ノア・ハラリは、二〇五〇年に雇用市場がどうなっているか、わたしたちには想像もつかないと語る。

産業革命が始まって以来、機械に一つ仕事が奪われるたびに、新しい仕事が少なくとも一つ誕生し、平均的な生活水準は劇的に向上してきた。それにもかかわらず、今回は違い、機械学習が本当に現状を根本から覆すだろうと考える、もっともな理由がある。

『21 Lessons 21世紀の人類のための21の思考』（柴田裕之訳・河出書房新社・二〇一九年）

ハラリは、霊長類のヒトが地球という惑星の支配者となる過程を考察した『サピエンス全史 文明の構造と人類の幸福』（河出書房新社）や、生命の遠い将来を探究し、人間の知能と意識は、最終的にどのような運命をたどるのかを考察した『ホモ・デウス テクノロジーとサピエンスの未来』（河出書房新社）の著者である。二冊とも世界各国でベストセラーとなり、日本でも多くの読者を得ている。

■ケア産業はずっと先まで人の独壇場《どくだんじょう》

『21Lessons　21世紀の人類のための21の思考』では、前二冊の論究を下敷きに、現在、人類が直面した雇用や自由や平等など、二一の現代的課題をズームインして分析し、評価し、考察し、深い見識が表現されている。

ハラリの説では、人間には二種類の能力がある。身体的な能力と認知的な能力だ。「過去、機械は主にあくまで身体的な能力の面で人間と競いあい、人間は認知的な能力の面では圧倒的に優位を維持していた」。

ところが今や、人工知能（AI）が人間の情動の理解を含め、こうした技能の多くで人間をしのぎはじめている。人間がいつまでもしっかりと、優位を保ちつづけられるような（身体的な分野と認知的な分野以外の）第三の分野を「私たちは知らない」。

ハラリが注目するのは、AIが持っている、人間とは無縁の能力のうち、接続性と更新可能性だ。人間は一人ひとり独立した存在なので、互いに接続したり、全員を確実な最新状態に更新したりするのはむずかしい。

それに対してコンピュータは、それぞれが独立した存在ではなく、ネットで結ばれているので、簡単に統合して単一の柔軟なネットワークにすることができる。何百万の独立した人間に、何百万もの独立したロボットやコンピュータがとってかわるという事態ではない。個々の人間が、統合ネットワークにとってかわられる可能性が高いということだ。

たとえば、世界保健機関（WHO）が新しい疾病《しっぺい》を認知したり、研究所が新薬を開発したりしたとしよう。これを世界中のすべての人間の、医師一人ひとりに知らせることは不可能に近い。ところが、世界中に一〇〇億のAI医師が存在していても、統合ネットワーク、つまり接続性の能力により、AI医師はみな、新しい疾病や薬についての自分のフィードバックを伝えあうことができる。

AIに代わるのがむずかしい分野は、ユヴァル・ノア・ハラリも新井紀子さんもマイケル・オズボーンも、定型化されていない職業だと言う。医療分野で例をあげれば、看護という職業がそうである。ほぼ情報の処理に専念し、医療データを分析し診断を下す医師の仕事とちがい、看護職は痛みをともなう注射を打ったり、包帯を取りかえたり、暴れる患者の興奮を抑えたり、すぐれた運動技能や情動的な技能を必要とする。

したがって、AIの家庭医をスマートフォンで持てるようになってからも、信頼できる看護ロボットが手に入るまでには、何十年もかかるだろう。ということは、病人や幼児や高齢者などの世話をする対人ケア産業は、ずっと先まで人間の独擅場でありつづける可能性が高いと、ハラリは推測している。ぜひそうであってほしいと、わたしも祈る。

わたしたちは、これからAIと共生して生きることになる。人間とAIのランデブー飛行の航跡は誰も見たことがないから、まったく新しい物語が紡《つむ》がれることになる。もちろん、これまでも人間はいつの時代にも、未来を正確に見通して生きてきたわけではない。

たとえば、明治維新を担った幕末の英雄たちでも、大正デモクラシーを予見していたとは言えず、大正デモクラシーの担い手たちも、昭和の凄惨なアジア太平洋戦争や、その後の経済成長を予測することはむずかしかったのではないか。

「Ｓｏｃｉｅｔｙ5.0」時代は、過去のどの時代よりも予測はむずかしいのかもしれない。高度化された先端技術があらゆる産業や社会生活に浸透し、そうしたテクノロジーによって人間の脳構造までが劇的な変化を余儀なくされているからだ。「5.0社会」は、いま始まったばかりであり、その行きつく先はだれにも見えていない

ハラリが書いているように、情報テクノロジー（ＩＴ）とバイオテクノロジーにおける双子の革命は、わたしたちの種（ホモ・サピエンス）が、これまで出会ったうちで最大の難題を突きつけている、まさにそのときに、民主主義の信用を失う事態が出来したのである。

わたしたちは、歴史に学ぶことを忘れてはならない。一九九一年一二月、ソ連最高会議が「ソ連消滅宣言」を採択したとき、一九二二年に世界史上はじめて革命によって誕生した「社会主義」は、約七〇年におよぶ実験に幕を降ろした。この壮大な実験の終末は、社会主義と資本主義の長きにわたる思想闘争において、資本主義が勝利したという受けとめ方をひろめた。

わけても社会主義に染まっていた、東ヨーロッパの国々が例外なく、中央統制型の計画経済を捨てさり、市場経済の導入に向かったことから、自由主義イデオロギーの優位性が証明されたと、声高《こわだか》に主張されたのである。

けれども勝利したはずの自由主義は、必ずしも諸国民が期待したよい方向には向かわなかった。かつて世界に君臨した超大国アメリカは、「平和と自由の守護者」として、まぶしいほど光りかがやいていた。

民主主義と自由はアメリカの代名詞であり、世界の若者たちの憧れだった。しかし、トランプ前大統領が選択した「アメリカ第一主義」は、国際協調路線の放棄につながり、アメリカの民主主義と自由のスローガンを色あせたものにしてしまった。

それに拍車をかけるように、トランプは、自ら敗北した二〇二〇年大統領選挙を、いかさま選挙であり、民主党の勝利はわれわれから盗んだものだと主張し、その後も有権者の投票結果を認めなかった。

アメリカ・デモクラシーの総本山・米議会への抗議行動を呼びかけて、市民を乱入させ、暴力行為を起こしてしまった。前大統領による国会乱入事件は、アメリカの議会制民主主義に深い傷を負わせるものであったが、この暴動を熱烈に支持する、アメリカ国民もまた多数を占めており、真の危機はこの国民意識にある。

二〇二三年には、ブラジルでも大統領選挙の結果を認めないという、アメリカとまったく同じような暴動が起こった。

■経済格差、そして子どもの貧困

一九八〇年代前後には、イギリスの「サッチャーリズム」やアメリカの「レーガノミクス」が幅をきかせた。二人が推進したのは、市場の役割を大きくして、政府の役割を小さくするという「小さな政府」をめざす政策だった。

この考え方の特徴は、あらゆる経済規制を撤廃し、すべての経済活動を市場メカニズムの調整にゆだねる点にある。アメリカの経済学者ミルトン・フリードマンが主張する、国民は政府を頼るのではなく、政府になにかを求めるのではなく、一人ひとりが自己責任に基づいて競争する社会こそ健全な姿であるとする説を、政治的に実行したのである。

新自由主義の思想は日本にも流入し、二〇〇一年に誕生した小泉純一郎《こいずみじゅんいちろう》政権下で、「小泉構造改革」として実践された。このころは新自由主義にもとづく政策展開で、アメリカの格差社会のひろがりが問題視されていたので、日本も同じ轍《てつ》を踏むことにならないかと、わたしは恐れていた。

その恐れは、有権者の圧倒的な支持を得て促進された、小泉改革旋風で現実のものとなった。理性なき民営化の嵐が吹いたのだ。郵政民営化をはじめ、教育、医療、雇用の領域ばかりでなく、社会教育施設の公共図書館までが規制緩和により民間企業に丸投げされ、熟練した図書館人が自治体から消えていった。雇用の規制緩和は、労働者派遣事業の制度化を誕生させ、大量の非正規社員がつくりだされ、「勝ち組」と「負け組」に色分けされる社会が生まれた。

経済格差が引きおこした貧困の大波を、もろにかぶったのが子どもたちであり、それは全国の「子ども食堂」と「ヤングケアラー」に象徴されている。これは平成時代が残した課題であり、それに加えて新しく生じつつあるのは、急激に進むデジタル社会のゆがみである。スマホやタブレット端末に消費する時間が増えるにつれて、親子や子ども同士が話す機会がなくなり、子どもの言葉の成長が遅れ、成人の活字離れが一段と進み、コミュニケーションが希薄な社会が出現している。

デジタル化は、人類の将来にどのような事態をもたらすのか、明確に見通せる人はいない。天地創造の神のように「光あれよ」と言って、光ができるような力はどこにも存在しないのだ。たしかなことは、いまも昔も、わたしたち人間のいしずえは言葉であることだ。言葉で自分の思いを他人に伝え、言葉でものごとを考え、自ら行為を選び、暮らしをつくってきた。

この数年、日本の社会は、コミュニケーション力を重視するようになった。これは言語力の低下に対する危機感のあらわれといえる。会社が新入社員にまず求める能力の一番目もコミュニケーション力であり、日本語による表現力である。あらためて試さねばならないほど、日本語力はいちじるしく低下している。教科書を読めない子どもや、報告書を書けない若い社員は増加傾向にある。

「Ｓｏｃｉｅｔｙ5.0」時代は、これまで以上に、ものごとを「言葉の力」で解決していく能力が問われる。おさらいをすれば、自分のまわりの人たちは、自分とおなじような考え方を持った人ばかりでなく、自分とちがうものの考え方や、生活文化の異なる人たちもいる。地球上の多様性は、自分とは価値観も考え方も異なる人たちと共生できる、言葉力とコミュニケーション力を求めているのである。

この数年、社会のデジタル化を視野に入れた人づくり構想が相次いだ。政府は第五次「科学技術基本計画」のなかで「Ｓｏｃｉｅｔｙ5.0」は、コンピュータやインターネットを開発し、普及する段階から、ＩＣＴ（情報通信技術）とビッグデータの活用が急速にすすむ社会であると説明している。この基本計画を受けて経済界も、政策提言を公にしたが、政府の基本計画と大同小異で、両者の考え方はおおむね、次のように整理することができる。

第一は、パイの大きさと生産の効率性を追いもとめた、二一世紀前半までの産業や社会は、「昨日の社会」であり、「明日の社会」は、ＩＣＴとビッグデータによる価値の創造が、キーワードになると主張していることだ。それを主導できる人間を育てるのが、これからの学校教育であると言う。

第二は、ＩＣＴ環境を基盤にした先端技術と教育ビッグデータを活用し、学校教育の新たな可能性を開拓することである。「Ｓｏｃｉｅｔｙ5.0」では、ＡＩが教育現場に導入され、子どもたちの学習履歴や学習評価、学習到達度、健康状況などをきちんと把握し、こまかに分析できる段階に入る。テクノロジーを活用することで、指導の個別化と子どもの学びの効率化を図る。そしてその子どもに、最適なカリキュラムを、ＡＩが導きだすことができると主張する。

第三は、子どものあらゆる情報は、教育ビッグデータとして蓄積され、そのデータを活用することで、教師は、子ども一人ひとりの発達レベルをつかみ、次の手を打つことができる。教育ビックデータの集積で、ＡＩも一段と賢くなり、新しい教育活動を切りひらくことが可能になるというわけだ。ＡＩは、すでに売上高の予測や商品の分類などに幅広く利用されており、教育データがそろえば、子ども一人ひとりの学習レベルの特徴を見つけだすことはむずかしくない。ＡＩは、アルゴリズム（定式化された問題の解き方や手順）の得意とするところである。

集積された子どものデータをそれぞれのグループに分けて、「最適で良質な授業」もできると想定する。経済界が期待しているのは、早期からデジタル機器に慣れ親しませる学校教育を実現し、デジタル社会で即戦力として、役に立つ人材を育てることである。

■ 経済界が期待する人間像

日本経済団体連合会は、二〇一九年一一月一二日、「Ｓｏｃｉｅｔｙ5.0時代の人材育成に向けた義務教育の抜本的ＩＣＴ化を求める緊急提言」を発表した。ポイントの一つは、早急に児童生徒一人に一台、パソコン・タブレットを整備せよというものだった。それに必要な財政は、地方財政措置ではなく、政府の責任で手当てすることを求めている。二つめは、学校現場の高速・大容量通信環境の整備もすすめるということであり、三つめは、教育現場に企業からの人材を受け入れ、教育のＩＣＴ化を推進する人材を育成し、確保する措置を講じるよう求めていることだ。

二〇一八年一一月にも、「Ｓｏｃｉｅｔｙ5.0―ともに創造する未来―」を提言している。この提言では、デジタル技術の進歩で社会の変革が巻きおこり、人類社会は新たな段階に入ったとし、これからはデジタル技術とビッグデータの活用がすすみ、個人の生活や行政や雇用のあり方が、大きく変わると見通しを述べていた。

定型業務の多くは、ＡＩやロボットに代替されるようになる。そんな時代に求められるのは新しいことに挑戦し、新しい価値を創造できる人材である。学校教育は、すべての児童・生徒の能力を均一に育てるのではなく、他人と異なる意見や考えを持つことが大切だとし、暗記ではなく知識を活用して、自分で考える力を身につける教育を求めている。

要約すれば、①文章や情報を正確に読み解く力、②自らの意思や考えを正しく的確に表現し伝える力、③科学的・論理的に考え、好奇心・探究力を持った人材である。

経済同友会も二〇一九年四月、「自ら学ぶ力を育てる初等・中等教育の実現に向けて―将来を生き抜く力を身につけるために―」を提言した。この提言では予測不能な急激な変化をとげる時代を生き抜く力を持った人間を求めている。人生の早い段階で自ら学び、その学びから得られた経験を、社会課題の解決に結びつける能力が不可欠であるという。

提言が期待する人物像は、一つは、自身の関心・強みを特定し、アプローチを工夫して、結果が出るまでやり抜く責任感と意志の強さを持っていることであり、二つめは、加速する技術革新を適切に利活用できる、倫理観と社会性を有していることであり、三つめには、多様性を受けとめる寛容さと、自身を表現する力を有していることである。

ＩＣＴ環境の整備についても言及している。政府は、これまでそれなりの対策を講じてきたが、地方公共団体は社会保障を優先し、ＩＣＴ化が遅れており、学習者用端末一人一台の配置を急げと政府を叱咤《しった》している。経済同友会は、ＩＣＴの知識や技術の専門家の少ない教育現場に、企業からの支援要員を派遣し、教育現場で指導にあたる用意があると提起した。

第六章

ＩＴ企業がリードする学校教育

■子どもたちはどこへ行った

前章で述べた経済界の要望は、政府の「GIGAスクール構想」におおむね反映された。この構想は、すべての小中学生に学習用のパソコンやタブレット端末を配布し、高速大容量の校内通信ネットワークを一体的に整備する、教育の情報化政策を展開するという考え方のことである。すべての児童・生徒が世界につながる革新的な扉とも称されている。この構想が発表された二〇一九年当時は、二〇二四年二月末までに実現するとされていた。それが三年間も前倒しされる。それほどまでして急ピッチですすめた事情についてはのちにふれるが、子どもたちの都合からでないことは確かである。

先端技術の売り込み先として学校を選んだIT産業は、情報通信行政を担当する総務省へのロビー活動を続けた。ソフトバンクなどが音頭を取って、「デジタル教科書教材協議会」を設立したのは、構想発表から九年ほどさかのぼった、二〇一〇年七月のことだった。

デジタル教科書教材協議会設立の発起人は、小宮山宏《こみやまひろし》・三菱総合研究所理事長(元東京大学総長)、孫正義《そんまさよし》・ソフトバンク代表取締役社長、陰山英男《かげやまひでお》・立命館大学教育開発推進機構教授、そのほか合計七人で、役員、理事、幹事には、デジタル関連事業を代表する人たちが就任している。

設立趣旨には、日本に最先端の教育環境を整え、情報化の遅れを取りもどし、豊かな教育を子どもたちに授けること。詰め込み・暗記型の教育から、思考や創造、表現を重視する学習へと教育の中味に変化をもたらすこと。過去数十年で、ほぼ唯一伸びているIT産業を成長のエンジンとすべきことが謳《うた》われている。

ここで言う「デジタル教科書・教材」とは、教科書や教材だけでなく、それを使う端末も、機材やソフトウェアも、ネットワークシステムをはじめとする、総合的な教育・学習環境も含まれる。この日、設立記念の新シンポジウムで孫さんは、「デジタル教科書に切りかえて、一刻も早く教育現場に先端技術を導入すること」を訴え、小宮山さんは、日本の抱える教育問題は、その多くがICTを活用することで解決されると風呂敷をひろげた。

二人のスピーチに見るように、IT企業が勢いづいたのは、二〇〇九年に民主党政権が生まれ、自民党前政権の小中学校に一クラス一台の電子黒板を導入するという政策から、一人一台の情報端末とデジタル教科書を普及させる方向に、舵を切った事情がある。

当時の原口一博《はらぐちかずひろ》総務大臣は、シンポジウムに来賓として出席し、「デジタル教科書は、単に紙から電子に変化するものではなく、停滞を解消するための大きな変化なのだ」と述べた。三人のメッセージには、「学校教育の現場に、ITを基盤とする先端技術を急ぎ導入しよう。すべてはそこから始まる」といった高揚感にあふれている。

総務省は二〇〇九年の暮れ、二〇一五年度までに「デジタル教科書をすべての小中学校の全児童・生徒に配備する」という〝原口ビジョン〟を発表していた。明治このかた、日本国民は紙の教科書で学校教育を受けてきたが、それをデジタル教科書に置きかえるというのである。あまりにも唐突《とうとつ》だったので、国民には寝耳に水の驚きがあった。

民主党内閣が誕生したのは二〇〇九年九月であり、わずか三か月のちに、学校教育の根幹にふれる方針が出されたことになる。民主党内からは「孫氏と原口氏は、同じ佐賀県出身で、そのよしみもあって、学校のＩＴ市場化で意気投合している」と冷ややかな見方も伝わってきたが、真偽のほどはわからない。だが、竈《かまど》に火がないと煙は立ちのぼらない。

ソフトバンクの孫さんは二〇一五年までに、全国の家庭に一〇〇％光ファイバー網を建設する「光の国ジパング構想」を民主党に持ちこんだ。民主党政権で原口総務大臣が生まれると、この構想は国の政策に格上げされ、ＩＴ企業の教育市場への参入を促進する原口ビジョンと、二者一体のものとして取りくまれるようになった。こうした経済の論理を優先した政策決定によって、学校教育の主役である子どもの姿は吹きけされてしまった。

激変する教育改革の波を、もろにかぶるのは子どもたちだ。その子どもたちへの愛情ややさしさは、デジタル教科書構想からは微塵《みじん》も伝わってこない。紙の教科書の歴史的役割を総括しないまま、ＩＴ企業の成長戦略を優先し、デジタルに切りかえようというわけだが、学校教育の心臓ともいうべき教科書を、あまりにも軽々しく扱っている。

紙の教科書が学校教育の「停滞」を招いていると考えるのであれば、これまでくり返されてきた教育改革を総合的に検証すべきであった。紙の教科書のどこが悪いのか、あるいは、紙からデジタルに切りかえたときのメリット、デメリットはどうなのか、民主主義国家の証として、国民に説明責任を果たすべきであった。しかし、民主党政権は、閣僚がだれ一人として国民が納得できる説明をしないまま、崩壊してしまったのである。デジタル教科書の貸与方針は総務省主導ですすめられたが、文部科学省と十分な意思疎通を図ったのかも、国民にはわからなかった。

このころ、ＩＴ教育の先進国・アメリカの研究者のあいだでは、デジタル機器の常時利用で注意散漫になる学生の問題や、ディスプレイ中毒の問題が論議されていた。デジタルへの過度の依存が、心身の発達に深い部分で悪影響を与えるという、科学的な知見も出されていたのである。

デジタルの常用で影響を受けるのは、身体的な面（肥満や心血管系の成長など）、感情面（攻撃性や鬱《うつ》状態など）、認識面＝知性（たとえば言語や集中力）にいたるまで、人間の発達のすべての側面に及ぶという知見も公《おおやけ》にされていた。ＩＴ教育の負の側面が、薄紙を剥《は》ぐように少しずつ、その姿を現わしていたのだった。

しかし、そうした海外からの情報は、日本国内で取りあげられることは少なく、学校教育のデジタル化を急げという声のほうが、より大きく響きわたっていた。政府は二〇一〇年五月には、ＩＴ教育を「新たな情報通信技術戦略」の重点施策として位置づけ、六月にはそれを「新成長戦略」とした閣議決定をする。

■一〇〇〇万人の子どもから収益を得よ

総務省はこの年、「フューチャースクール推進事業」を始めた。事業内容は、小学校約七〇〇万人、中学校約三六〇万人の総計約一〇六〇万人のすべてに、二〇二〇年までに情報端末と、学習者用のデジタル教科書を持たせるというものだ。

教員も一人一台の情報端末と、指導者用のデジタル教科書を持つことになる。情報端末やデジタル教科書による授業を進めるには、すべての教室に電子黒板や、教科書と情報端末とをつなぐ回線が整備されなければならない。学校と家庭をつなぐ、無線ＬＡＮなどのネットワーク設備も欠かせないものとなる。教育のデジタル化は「新成長戦略」と位置づけられたことで、巨大なビジネスの対象となった。

総務省は、デジタル機器を使って児童がお互いに教えあい、学びあう教育手法を「協働教育」と名づけた。それを「未来の教育」として描き、その具体化にあたって、情報通信技術面ではどこに課題があるかを調べることにした。北海道から九州までの公立小学校一〇校を選び、実証授業を実施したのだ。

タブレット端末を活用した、実証授業に対する子どもたちの反応は、「楽しい」「もっと受けてみたい」「画面が見やすい」という好感度の高いものだった。端末で動画や画像を共有し、チャットを利用して子ども同士の情報交換が容易にできる。

他方、実証授業に参加した教師は、コンピュータ画面の活用は、授業への関心や好奇心を引きだす効用がある半面、わかったつもりにさせる落とし穴もあると指摘した。学習内容が子どもの記憶に残っていないことがわかったのだ。これらの学習状態について、東京大学名誉教授の佐藤学さんは、動画の活用などで、わかったつもりにさせる授業のことを「学びの偽装」と鋭く指摘している。

子どもたちが「楽しい」と感じた画像や動画で、脳が働かなくなるという脳科学者の知見は衝撃的である。東北大学加齢医学研究所所長で、脳科学者の川島隆太《かわしまりゅうた》さんは、「デジタルの画面で動画を見せておけば、なんとなく理解した気になるし、文字で教えていたことを音声にすれば、なんとなくやった気持ちになる。しかし脳は動いていない」と言う。

総務省の実証授業は、IT企業が教育分野に進出するにあって、必要な技術はどのようなものかを知るためのものであった。それゆえに、子どもの学力や健康に与える影響については、関心の薄いものとならざるを得ない。子どもの姿はまったく視野に入っていなかったのだ。

この「フューチャースクール事業」は二〇一二年六月、事業仕分けで「廃止判定」とされ、わずか二年で幕を閉じた。事業仕分けは、民主党政権の目玉の一つで、税金の無駄づかいを洗いだすことを目的としていた。民主党政権の総務大臣が牽引《けんいん》した事業を税金の無駄づかいとして、同じ党の事業仕分けグループがレッドカードを突きつけたのだ。

廃止の理由は、文部科学省と総務省の縦割行政をベースにした枠組みでは、目標設定も効果や分析も十分にできないし、情報端末一人一台の全学級導入も、財政状況から考えて不可能である。すべての授業にパソコンを活用するコンテンツの開発もできていない、という手きびしいものだった。なんの準備もしないまま、「デジタル先にあり」が優先されたものであることがあばかれてしまったのだ。文部科学省との意思疎通も十分でないこともわかった。

このエピソードは、党内論議も閣内調整も、政府内の議論もつくされずに、ひたすらＩＴ企業だけに顔を向けて突きすすんだ事業であることを、人びとに知らせるとともに、政権運営の未熟さを露呈《ろてい》する実例となった。わたしが民主党政権で評価した政策は、税金の無駄づかいを洗いだす「事業仕分け」のアイディアを出したことだった。

■デジタル教育をうながした二つの理由

「フューチャースクール事業」は中断されたが、ＩＴ企業が学校教育に進出するための水路は掘削《くっさく》された。大きな変化は、事業仕分けのあと、ＩＴ教育推進のリーダーシップが総務省から経済産業省へと移行したことだ。

経済産業省は、「Society5.0」へ対応するため、文部科学省と総務省の三省庁間を調整し、「GIGAスクール構想」を提唱して、それを軌道にのせた。「GIGAスクール構想」が提唱された二〇一九年当時は、すでに述べたように、二〇二四年までにすべての小中学生に、一人一台の学習用パソコンやタブレット端末を配布するとしていた。それが三年間も前倒しされ、二〇二一年三月までに配布を終えた。

前倒しの理由は、二つあった。一つは新型コロナウイルスの感染拡大で、オンラインでつなぐ在宅勤務が普及した。学校でも二〇二〇年春の小学校、中学校、高校の一斉休校をきっかけにオンライン授業が実施され、デジタル教育の促進を求める世論がわきたち、タブレット端末配布の機運を盛りあげた。IT産業には千載一遇《せんざいいちぐう》のチャンスがやってきたのだった。

経済産業省は、学校の休校対策として「学びを止めない未来の教室」のサイトを立ちあげる。そこには一〇〇を超えるIT企業が、教育プログラムを「無料」で提供した。この無料サービスは深い意味を持っていた。ここまで来ると、もう文部科学省の出番はないにひとしい。

佐藤学さんは、学校休校はIT企業にとってビジネス・チャンスになったと述べる。無料サービスで得られる子どもの個人情報は、教育ビッグデータとして蓄積され、新しい価値（消費者の欲望開発・商品、広告の創造・企業収益そのほか）を生みだす基礎がつくりあげられた。

二つめの理由は、二〇一八年に実施されたOECD（経済協力開発機構）のPISA（生徒の学習到達度調査）の結果が二〇一九年に公表され、日本の生徒の読解力が低下したことがわかった。この結果に対し、企業も教育界もメディアも、読解力低下は教育デジタル化の遅れにあると断じ、学校教育のデジタル化を力強く後押しした。

ＯＥＣＤ加盟国を中心に実施するＰＩＳＡは、義務教育終了段階の一五歳（日本では高校一年生）を対象に、三年に一度、数学、科学、読解力の学力を調査する。二〇一八年の調査には、日本を含めて世界七九か国・地域が参加した。

日本の生徒は、数学と科学ではトップクラスの順位を維持したが、読解力は前回の八位から一五位に急落していた。調査では、ネットやサイトの資料や文章を読みとる力や、論理的な思考力、情報の真偽《しんぎ》を見分けて、それにどう対処するか、根拠を示して記述する文章力が問われる。出題も解答も、すべてコンピュータ上で行われた。

このため、メディアや教育専門家の多くは、読解力の低下は、学校におけるパソコンやインターネットの整備の遅れに原因があるとし、教育のデジタル化の促進を求めたのだ。

パソコンやタブレット端末が行きわたれば、オンライン授業が受けられるし、宿題もネットで配布される。ドリルもネットに蔵されているので、教師は児童・生徒がどこでつまずいたのか、すぐに把握できる。資質・能力も早期に見出すことができるというのである。

遠隔地の子どもも、ネットで多様な情報や考えにふれる機会が増え、情報格差の解消につながる。

教師の事務負担も少なくなるだろう。こんなふうにメディアや経済人や一部の政治家、教育学者などは、デジタル化のメリットをくり返し強調し、IT企業の経済戦略を後押しした。小中学校の設置者である自治体や、子どもの学習生活にもっとも近い場所にいる教師たちは、デジタル教科書の導入をめぐる論議から疎外されていた。

文部科学省の「デジタル教科書の今後のあり方等に関する検討会議」は、二〇二一年三月、中間報告を公表した。学校で使うすべての教科書をデジタル教科書に変更し、二〇二四年度から導入するという内容だ。

これまでのいきさつを少し振りかえってみる。デジタル教科書は、二〇一八年の学校教育法改正で制度化され、紙の教科書の内容をそのまま、電磁的記録にしたものとされ、二〇一九年度から、紙の教科書との併用が認められた。紙の教科書と同じ内容が、タブレット端末の画面に表示され、拡大も縮小もでき、音声の読み上げもできる。

紙の教科書は、国から無償配布されているが、デジタル教科書は有料で自治体が負担する。政府のGIGAスクール構想では、小中学生に一人一台の端末を貸与する。端末費用の二九七三億円は政府が負担し、二〇二〇年度末までには、全国の一八一二自治体がほぼ配備を終えた。

検討会議が整理したデジタル教科書のメリットは、要約すると、こうである。デジタル教科書は、直接画面に書き込みができ、書きこんだ内容の消去や、やり直しも簡単である。ペア学習やグループ学習の際、デジタル教科書に書きこんだ内容を見せあうことで、対話的な学びができる。端末を使い、休校中もオンライン授業が受けられる。デジタルドリルには人工知能機能がついているので、児童生徒の学習レベルに合わせて、もっとも適した復習問題を選んでくれる。機械音声読み上げ機能により、読み書きが困難な児童生徒の学習も容易である。

このような数々のメリットは、新聞などのメディアを通じて、ひろく流布されてきている。だが、少しは疑いの目を向けてみないと危険である。たとえば、異なる自治体に転校した場合、いままで使っていた端末も持っていけるのか。国立情報学研究所教授の新井紀子さんは朝日新聞（二〇二一年四月一一日付）で、次のように語っている。

「紙からデジタルへ」というのは、所有から期限付利用への大転換を実は意味する。（中略）教科書が所有から利用に代わると、親の事情で別の自治体に引っ越す児童生徒は、デジタル端末を学校に返却する。その瞬間、端末を通じて利用していた教科書や教材は利用できなくなる。学習履歴から「どの問題が最適か」を選んでくれたAIともお別れだ。デジタル教科書に自ら書きこんだ内容も、級友と共有した学びも、転校先に持って行くことはできない。自治体が行うデジタル端末や教材契約は年度ごと、教科書選定も数年ごとに行われる。（中略）次年度の端末提供会社や教科書会社が前年度と同じとは限らない。となると、前年度の教科書どころか、「学びすべて」がアクセス不能になる可能性が高い。デジタル化で、学びの継続性が阻害され得るのだ。

こうした内容は、デジタル教科書に意欲的な総務省や経済産業省、文部科学省からは、まず出てこないものであり、わたしにとっては新鮮な情報だった。こうした指摘もあって、子どもが転校する場合、子どもがそれまで使っていたデータを持たせる自治体も出てきている。

■教育現場に不人気なデジタル教科書

ところで文部科学省は、「デジタル教科書の今後の在り方等に関する検討会議」の中間まとめに対する国民の意見を募集した。三一〇件の意見が寄せられ、そのうち一五件が二〇二一年四月に公表されたが、賛成意見は「紙媒体の教科書に代わる教材として、子供たちの学力形成にたいへん有効であり賛成だ」の一件だけだった。

残り一四件は「教科書は紙であるべき。教材はデジタルでもいい」「じっくり読む・考える場面では、紙のほうが優れている」「デジタル教科書と紙の教科書のそれぞれの有用性を生かしながら、併用することが望ましい」などの意見だった。この時点では、国民はデジタル教科書に納得もしていいないし、賛同もしていない。

この意見募集に先立ち、読売新聞は二〇二〇年一二月、小中学校を所管する四六都道府県庁所在市、政令市、東京二三区を対象に、アンケート調査を実施している。その結果、九割を超える六九市区がデジタル教科書の使用に、不安や懸念を抱いていることがわかった。

望ましい教科書のかたちは、六二市区（八三％）が「紙とデジタルの併用」と回答した。不安な点は、①視力の低下など健康面への影響、②家庭の通信環境の確保、③校内外の安定的な通信環境の確保、④教員のＩＣＴ（情報通信技術）指導力の順に多かった。また「紙ならどこでも学べるが、デジタルは通信環境が必要だ。家庭で通信費の負担が生じてしまう。通信障害が起きると勉強できなくなる」という指摘もあった。

文部科学省の意見募集や読売新聞のアンケート調査結果は、国民的な論議や合意形成を欠いたまま、拙速《せっそく》にデジタル教科書導入に走る教育行政への不満を表している。こうした世論を無視して、二〇二四年度から強行すれば、デジタル教科書による授業はやがて行きづまり、取りかえしのつかないことにもなりかねない。

言語力向上や読書活動推進に取りくんでいる「公益財団法人文字・活字文化推進機構」は、こうした危機感から、日本新聞協会や出版団体などに呼びかけ、二〇二〇年六月、「活字の学びを考える懇談会」を設立した。発案者は、当時の同機構理事長の肥田美代子さんと、読売新聞グループ社長・山《やま》口寿一《ぐちとしかず》さんだった。一人一台のタブレット端末の配布が、学校図書館離れや読書離れにつながることを心配して、行動を起こしたのだ。

会長は直木賞作家の阿刀田高《あとうだたかし》さんにお願いし、委員は発信力の強い作家・浅田次郎《あさだじろう》さん、建築家・安藤忠雄《あんどうただお》さん、脳科学者・川島隆太さん、歌人・俵万智《たわらまち》さんなどの著名人に就任を依頼した。現在、浅田次郎さんが二代目会長に就任され、山口さんは同機構理事長に就任されている。

懇談会は、紙の教科書を主に、デジタル教材は学習効果を高める補助教材にすべきだという立場を取っている。こうした懇談会の主張は、「デジタル教科書の今後の在り方等に関する検討会議」第一次報告案に反映され、「紙とデジタルのそれぞれの良さ」に着目し、「適切に組みあわせる」と記述された。

文部科学省は、経済産業省の成長戦略と、総務省のＩＴ産業振興を錦の御旗《にしきみはた》にしたデジタル教科書導入に対し、学力や健康面から歯止めをかける役割があったのだが、力負けした印象が強い。ＩＴ企業の収益を優先して、無防備の子どもにタブレット端末を持たせたとき、なにが起こるのか。読売新聞が二〇二一年に実施したアンケート調査の結果は、リアルな事例を示している。

長野県飯田市は二〇二〇年の秋、小中学校に一人一台の端末を配り、自宅への持ち帰りを認めた。利用は、小学生は夜九時まで、中学生は夜一〇時までのルールを定め、システム上の制限もかけた。だが、抜け道を見つけて制限を破る子どもが続出する。チャットをやめられなかったり、長時間、ネット検索を続けたりする例が相次いだ。保護者のあいだには、子どもの生活の乱れや視力の低下、デジタル依存への不安が高まった。結局、市は二〇二〇年末には早々と端末の持ち帰りを中止したと、二〇二一年四月七日付の読売新聞は報じている。

保護者からは学校に、「子どもが深夜まで端末を使い続けている」「言い聞かせてもやめない」といった声が相次いで寄せられた。デジタル教科書が採用されれば、家庭学習するときも端末を使えるので、家庭にいながら教師との宿題のやりとりができると、その効用が宣伝されてきた。飯田市で生じたことは、これまでデジタル教科書の効用、あるいは利点とされてきたことが、マイナス面として表面に現れたのである。飯田市はすぐに持ち帰りを中止したが、この決断は、善し悪しを含め、これからのデジタル教育のあり方を考える際の参考となる。

スマホやタブレットなどのＩＣＴは、家庭にあっては、チャットやゲームなどの遊びの手段として子どもを魅了する。専門家たちは、デジタル端末の持ち帰り学習を進めると、遊びの道具として使われる率が高まると警鐘を鳴らしてきたが、それは的を射たものであった。二〇二四年度からは、英語を手はじめに、段階的にデジタル教科書が導入される予定だが、飯田市で生じたことが全国的で起こることが想定される。家庭でのタブレット端末の利用にあたって、どのような指針を出すのか、自治体の創意工夫が試されている。

■紙の教科書にもどるデジタル先進国

日本に先駆けてデジタル教科書を導入した国々でも、学習効果が期待できないことが明らかにされつつある。注意力が散漫となったり、健康への心配が募ったり、巨額の予算が足かせになったり、負の側面が指摘されている。デジタル教科書の使用をやめ、紙の教科書にもどした事例もある。

日本のICT企業や教育学者、メディアがデジタル教育のモデルとして紹介してきた韓国、オーストラリア、台湾、アメリカでは現在、デジタル教科書離れが起こっている。日本が追いつき追い越せと目標にしてきた国々である。

韓国は、一九九七年の経済危機から立ちなおるための戦略として、ICT教育をすすめる方針を打ちだした。二〇〇七年には「デジタル教科書商用化推進計画」を発表している。この計画は、教科内容や参考書、問題集、学習辞典、ノートの機能を一つにした、デジタル教科書の商用化をうながし、二〇一五年までにデジタル教科書に全面移行するというものだった。

しかし、まもなく中止に追いこまれてしまった。教育現場や保護者から、子どものゲーム中毒や視力低下の不安が噴出したのだ。二〇一六年から始めたデジタル教科書に関する調査でも、デジタル教科書と紙の教科書の併用が学習効果も高いという結果が出た。こうした事情から韓国ではいま、紙とデジタルを併用した教育が行われ、デジタル教科書の全面使用への道筋は見えていない。

オーストラリアは、二〇〇八年に始まるＩＣＴ教育推進プログラムに基づき、公立・私立を問わず、一四歳から一七歳の全生徒に一人一台の教育用パソコンを配布した。国内の全家庭・事業所から、ブロードバンドへのアクセスができる環境を整備したのである。

この政策は、やがて行きづまりを見せる。ある独立学校（私立学校の一種）では、子どもたちから「紙のほうが集中できる」という意見が出された。教育現場からは「デジタル教科書の画面の切り替えやメール着信に気をとられ、勉強に集中できない」といった意見があった。このために、五年間続けていたデジタル教科書の利用をやめ、紙にもどしてしまった。

台湾では二〇〇九～一一年に、複数の小学校でデジタル教科書を試験的に導入したが、紙の教科書にくらべ、生徒の読み・書き・計算能力を低下させるという理由から全面導入にいたっていない。台湾においてデジタル教科書は、正式の教科書としては認められておらず、あくまで補助教材の扱いである。保護者から「視力が落ちる」「鉛筆で書く学習がおろそかになる」などの訴えも相次いだ。このため紙の教科書を維持し、デジタル教材と組みあわせた授業が行われている。

アメリカは、ＩＣＴ教育のトップランナーを自負する国である。その総本山ともいうべきカリフォルニア州は、生徒に学習端末を配布する大規模な事業計画を立てた。ロサンゼルスを例にとると、二〇一三年秋、公立校の全児童生徒ら約七〇万人に端末を配ることにしたが、事業費が約一三億ドル（約一三五〇億円）にのぼることから、わずか二年で中止する事態に陥った。

西欧のいくつかの国でも、デジタル教科書による教育がすすんでいると喧伝《けんでん》されているが、学力との因果関係が十分に証明されているわけではない。わかっていることは、子どもたちは学びの過程で、疑問に思うことがあると、自分で考えるまえに、すぐネットで検索して答えを探しだしてしまうという習性を身につけたことだ。「考える」という行為は、学習過程から省かれている。

書物や新聞のような印刷媒体は時代遅れで、タブレットこそ時代の最先端だと信じている若い世代は多い。タブレットが身近なところに置かれた環境で生まれ、育ってきた世代だから、そう思っても不思議なことではない。

しかし、それは幻想なのだ。複数の科学的な知見は紙の教科書、ノートこそ古くて新しいものであることを実証している。東京大学教授で物理学や言語学、脳科学を教える酒井《さかい》邦嘉《くによし》さんは、研究チームをつくって、「紙の手帳にメモを取ることの脳科学的な効用」のテーマで研究を進めた。

その結果、紙の手帳にスケジュールを書きとめると、電子機器よりも短時間で記憶できることがわかった。紙の教科書やノートを使った学習のほうが、効果が高いという根拠が示されたのだ。

酒井さんは、「活字の学びを考える懇談会」のリレー講演会で、デジタル教科書を読むことのリスクについて、次のように述べた。①製本された紙の教科書にくらべ、デジタル化した教科書は画面上の位置が不定で実態がなく、空間的な手がかりがつかみにくいため、記憶に残りにくい。②ネット検索で情報過多となり、自分で考えるまえにすぐ検索してしまい、思考する機会を失う。③紙のノートを使わなくなり、書きうつして覚える能力やメモを取る能力が低下する。④内容を咀嚼《そしゃく》して深く吟味《ぎんみ》することができなくなる、と。

紙やノートは決して時代遅れではなく、製本された紙の各ページが個別の情報を持つという点で、はるかにハイテク製品なのだ、と酒井さんは強調している。

■デジタル教育で学力は伸びるのか

興味を引く事例がある。秋田県と佐賀県の学校教育のデジタル化と学力の比較だ。佐賀県は、ＩＣＴ先進県として有名なところで、二〇一四年にはすでにデジタル教科書の導入率は小学校九六・五％、中学校九五・七％にのぼり、全国のトップを走っていた。

その後もＩＣＴの充実が図られ、二〇二〇年には小学校、中学校ともに一〇〇％に達した。二〇一九年に調査した、授業環境の先進度（電子黒板やプロジェクターなどの整備率）でも、佐賀県は全国一位の八七・一％であるのに対し、秋田県は最下位の一七・三％だった。二〇二〇年には一〇〇％に達した佐賀県にくらべ、秋田県のデジタル教科書導入率は、二〇一四年が小学校三〇・四％、中学校二四・〇％であり、二〇二〇年においても、小学校四二・三％、中学校三八・四％と、その足取りはゆったりとしている。

ところが、二〇一九年の「全国学力・学習状況調査」の県別ランキングでは、秋田県は一位、佐賀県は四三位である。二〇二〇年の同調査でも秋田県は首位で、佐賀県はすべての学科で正答率が全国平均を下まわった。

文部科学省が二〇二二年七月に公表した「全国学力・学習状況調査」の結果でも、佐賀県内は全科目で平均正答率が全国平均を下まわっている。佐賀県教育委員会が県内公立学校の小学四～六年、中学一～二年を対象に、二〇二二年一一～一二月に実施した県独自の学習状況調査でも学力不振が目立った。全一八教科のうち平均正答率が、最低限の目標値である「到達基準」に達したのは、前年度より四教科少ない九教科にとどまっていた。

デジタル教育の先進県だけに、デジタル教科書やデジタル教材による授業と、学力との関係は因果関係があるのか検証が必要であろう。またデジタル教育の普及は地域の教育格差をなくし、学びの共有がすすむと喧伝されてきたが、佐賀県を五地域に分けた分析では前年度とくらべ、小・中学校ともに地域差が拡大している。

秋田県は、学力テストで一三年間にわたり、トップクラスを維持している。佐賀県の事例は、デジタル教科書の導入が学力向上につながっていないことを物語っているようだ。佐賀県武雄市は、生徒一人一台のタブレットPCを使った大規模な実証実験をしたが、学力向上に効果があるとの明確な数値は得られなかった。

佐賀県の小学生は、読解力に課題があるように思われる。国語の場合、漢字を書く正答率は高いが、文章と図表を読み、関連させながら答える設問の正答率が低い。算数・数学の場合、計算やグラフ、表を読みとる設問の正答率は高いが、複数のグラフを関連づけて読みとり、数式や自分の言葉を使って説明する設問の正答率が低いのである。

読解力は、OECD（経済協力開発機構）のPISA（生徒の学習到達度調査）が重視する高次の学力である。あらゆる科目において、読解力が学力の基盤となるという事情があるからだ。

秋田県の場合、国語では複数の情報を関連させながら答える設問や、算数・数学では数式の意味を、自分の言葉でわかりやすく説明する設問が、全国平均を大きく上まわっている。読解力が身についているので、設問を読みこむ力もあり、筋道を立てて考える論理力もある。記述式の設問にも恐れることなく挑戦できる。

一三年ものあいだ、学力が連続トップクラスの地位にあるのは、子どもたちが通塾したり、家庭教師に教わっているからではない。学校の教師と子どもが協働で探究学習に取りくみ、子どもたちは教師の助言を得て、自分で「家庭学習ノート」をつくる。それには、復習・予習や自分で考えた学習課題が盛りこまれている。

「家庭学習ノート」は先生に提出し、赤鉛筆でコメントをもらい、それを励みに、家庭学習の質を高めていく。こうした学習体験の積み重ねは、子どもたちの学習意欲を引きだし、夢や目標を育て自己肯定感を高める。自己肯定感は、自分自身を大切に思う気持ちであり、自分の存在意義を認める感覚といっていい。自分の存在に自信を持ち、他人のことも大切にする行動の土台である。教師たちの「教える力」と、教師に信頼を寄せて学習する、子どもたちの姿をわたしは想う。

二〇二二年七月二八日、二〇二二年度「全国学力・学習状況調査」(全国学力テスト／対象は小学校六年、中学校三年）の結果が公表された。

秋田県の正答率は、小学校は国語七一％、算数六六％、理科七一％であり、中学校は国語七三％、数学五四％、理科五二％だった。佐賀県の正答率は、小学校は国語六四％、算数六二％、理科六二％であり、中学校は国語六八％、数学四七％、理科四八％である。秋田県の中三国語の平均正答率は全国トップであり、佐賀県の中三国語の平均正答率は、全国平均正答率にも及ばず、変わらず下位クラスだった。

秋田県と佐賀県の学力の大きな差は、全国一律にデジタル教科書に切りかえることが妥当なのかを問うている。佐賀県は、デジタル教科書の導入で学力の向上をはかろうとしたはずなのに、ここ数年の学力テストの結果を見るかぎり、まだ成功していないように思われる。ただ、すべてをデジタル教育のせいにするのも、大きな危険がともなうだろう。教師の教育技術や指導力も、子どもの学力に影響を与えるはずだからである。

デジタル教科書は、紙の教科書内容を電子化したものだ。使うときはインターネットに接続し、数字やアルファベットを組みあわせたパスワードを入力して、画面にうつしだされた教科書を読む。読売新聞のアンケート調査では、低学年からのデジタル教科書の使用に対する不安が、教育現場や教育行政担当者、医療関係者や地域の人びとなどから寄せられている。「小学校一年生からデジタル教科書を使わせるのは、やめたほうがいい」とか、「低学年において、基礎学力や学びの姿勢を身につけるうえでは、紙の教科書がいい」という提言が目立った。

デジタル教科書の使用に、懸念が「大いにある」「少しある」と答えた自治体は八六%にのぼる。「端末にふれる時間がながくなることで、視力の低下や睡眠不足、運動不足を引きおこす。また、学習以外の不適切な動画の閲覧や、人との対話の減少にもつながりかねない」と、警鐘を鳴らす医師もいた。デジタル教科書の使用が子どもの関心を引くことはあっても、学力が向上したという明確なデータは、いまのところ見かけないのである。

文部科学省は、巨大な力で背中を押されるように、デジタル教科書の普及を急いでいるが、少し落ちつきを取りもどして、子どもの視点から見直すべきだろう。文部科学省が守らなければ、教育の視点から子どもを守ってくれる省庁はないのである。

デジタル教科書の実証事業に参加した生徒は、タブレットの操作がややこしく、紙のほうが使いやすいと訴えている。端末の電池の心配や、不具合があったとき、「どこにトラブルを起こしているのか」が見分けられないなど、学習以前に気がかりなことが噴出し、集中力がそがれると叫んでいるのだ。

教師のほうも、新しい気づかいが必要となる。視力の劣化を防ぐために、「画面と目との距離をとるように」とか、「三〇分に一回、画面から目を離すように」という指導も加わる。授業中、動画やゲームなどに熱中し、それを注意するとキレる生徒もいるという。こうした教育現場で生じている課題を考えると、デジタル教科書の一斉導入は、基本的によい方法ではない。

「読み・書き・計算」の学びの適齢期である小学校は、紙の教科書を使うことをやめてはいけない。中学校は紙の教科書を「主」に、デジタルはあくまでも「従」にして補助教材とすべきだ。市町村の判断を重視するという、柔軟な対応も必要である。

■幼児には向いていないタブレット学習

ICTを活用した教師の指導力や、子どもの学びの状況を熟知しているのは市町村である。子どもの心身への影響を分析したり、デジタル授業の効用を評価したりするには、最低でも五年以上はかかると分析した自治体もある。こんな事情から推しても、デジタル教科書の導入の時期や何年生から使うかは、自治体の判断を取り入れながら、最終決定する柔軟性が必要である。

古代ギリシャの哲学者プラトンは、「読み・書き・計算」が、すべての知識の基礎になると考えていた。日本はその「読み・書き・計算」の知識を、小学校で教えることを学校教育法で定めている。言語機能の発達のピークは、六歳から一二歳というのが専門家たちの定説である。

室町時代の猿楽師《さるがくし》、世阿弥《ぜあみ》の名著『風姿花伝《ふうしかでん》』にも、猿楽という芸能の稽古《けいこ》は、七歳から始めるのがいいと書かれている。七歳は現代の就学適齢期だ。「稽古は、子どもが自らやりだすのを引きだすことが自然である」と説く。子どもの先天的な資質を大切にすることは、大人の謙虚な接し方であり、見事な指導法といえるだろう。

学校教育法で小学校の教育目標に、日常生活に必要な国語を正しく理解し、使用する能力を養うこと、日常生活に必要な数量的な関係を正しく理解し、処理する能力を養うことをかかげたのも、内外の知見に深く学んだことの結果である。この国語や算数の教育は、紙の教科書を前提にシステム化されている。これを紙以外の教科書へ変更するのであれば、それ相応の準備が必要であろう。

わたしの世代は、小学校に入ると、「読み・書き・計算」の基本の「き」を習い、ノートの使い方、鉛筆の握り方をていねいに教えてもらった。生涯にわたる知識の基本となるから、その指導は現在でも変わりはないはずだ。ノートに手書きすることに、どんな意味があるのか。書写指導の代表的な研究者で、長崎大学教育学部教授の鈴木《すずき》慶子《けいこ》さんによれば、「手書きは、自分の考えを頭のなかで整理して書くという訓練になる」のである。

タブレット端末の授業では、この作業が省かれる。このため、タブレット端末は誤って、子どもに与えてしまった学習道具だという学説さえあるのだ。『スマホ脳』の著者アンデシュ・ハンセンの言葉を借りると、「教室の窓から文字の練習帳を投げすてて、代わりにタブレット端末やパソコンで書くことに集中しよう」というわけだが、すでに書くことのできる、大人はそれでいいだろう。しかし、まだ、書くことを修得していない場合は、ペンを使って練習することで文字を覚えていく。就学前の子どもを対象にした研究では、手で、つまりペンで書くという運動能力が、文字を読む能力と深くかかわっている。

ハンセンによれば、アメリカの小児科医の専門誌『小児科学』は、「タブレット端末やスマホを長時間使っている子どもは、のちのち算数や理論科目を学ぶために必要な運動技能を取得できない」と警告している。タブレット学習は、幼児には向いていないのである。

タブレット端末での読みは、紙の読みにくらべて、理解度が低いというデータは枚挙にいとまがないほどだ。その理由は、デジタルはゲームや動画やネットなど数多くのメニューに加え、カーソルの点滅もうるさく、集中力を分散させてしまうからである。

コロナ禍で対面授業が制限された二〇二〇年代の特徴的な出来事は、オンラインで授業が行われたことだ。リスクも当然ともなった。タブレット端末授業ではよくあることだが、子どもはわからない問題につきあたると、考えようともしないで、先に答えを参照してしまう。むずかしいことから、すぐ逃げだしてしまうのである。

教科書のデジタル化は、こうした学習法を常態にし、習慣化してしまうだろう。学齢期に、ゆっくりと考える体験がなく、困難から逃れることを覚えて成長したときの姿を、わたしたちは想像してみなければならない。

言葉は、考える力の源泉であり、それゆえ学校という場では、学習活動の基盤として重視されるのである。それなのに、日本の子どもは教科書が読めない、文章が的確に理解できない、知識の応用力に欠けるという指摘がくり返されている。日本文化の基盤である国語＝日本語を発展させるには、どのような手立てが必要なのか。国民一人ひとりが熟考しなければならないときである。

第七章

国語力は人生のすべての基本

■読解力の低下はデジタル化の遅れのせいか

二〇一八年度のPISAの読解力調査で、日本の子どもの国別順位が八位から一五位に急落したとき、多くのメディアも教育専門家たちも、日本の学校教育のデジタル化が遅れているせいだと指摘していた。

もちろん、「その考え方は早計である」と、いさめる新聞もあった。全国紙では、産経新聞と読売新聞の二紙である。産経新聞の場合、「読解力は学校の授業だけではなく、人の話をよく聞き、考えを述べるなど、日ごろのコミュニケーションを含めて培われる。それを忘れてネットの海に漕ぎだすようでは、危険きわまりない」と警鐘を鳴らした。

読売新聞も、読解力の低下をデジタル教育の遅れに求める主張に異議を表明した。この二紙に共通していたのは、本や新聞に親しむ子どもたちは、読解力テストの正答率が高いというデータを紹介していたことだ。

朝日新聞は「PISA二〇一八」の結果が公表された際は、学校教育のデジタル化を後押ししたメディアの一つで、その流れからデジタル教科書についても、国が前向きに取りくむことに期待を寄せる社説を掲載していたと記憶している。

その朝日新聞が、デジタル教科書に慎重な姿勢を示してきた、読売新聞の社説や記事をたたえ、

「私は読売に同感です」の署名入りの社説を掲載したのには感嘆した。二〇二三年五月二九日付の朝刊だった。政権の評価や憲法問題など主要な課題では、ことごとく異なる意見を持つ両紙だが、「社説」において〃いいことはいい〃と同感を示す態度には、敬意を表したいと思う。

ちなみに、読売新聞の社説や記事は、「デジタルか紙か」という二者択一を迫るものではなく、紙の教科書を基本にデジタル教材は補助的に活用して、学習効果をあげることを提唱しつづけている。自社の世論調査や、国内外のさまざまな科学的知見に裏打ちされた論調だけに説得力がある。

大事なことは、あれかこれかではなく、将来を担う子どもたちには、どのような学校教育が求められているのかという一点につきる。内外の科学的知見は、デジタル機器に過剰に依存した、学校教育の弊害について警告を発している。学力の面でも、紙に印刷された本に親しむ子どもたちが伸びている。本や新聞を読む子どもたちの読解力の正答率が高いのである。

二〇二二年度学力テストの調査では、児童生徒が新聞を読む頻度《ひんど》と、各教科の平均正答率を分析したところ、中学校国語を除いて「ほぼ毎日」の層がもっとも正答率が高く、頻度が下がるにつれて正答率が低くなった。「ほとんど、まったく読まない」層は、小・中学校の全教科で最低だった。

学力テストでは、本がたくさんある家庭の子どもは、学力のレベルが高いこともわかった。学校の授業だけでは十分に獲得できない読解力が、読書に親しむことで補われており、読解力の向上を考えるための豊かな材料を提供している。

ＰＩＳＡのデジタルによる出題形式に日本の子どもは慣れていないことが、読解力の成績に影響したという意見もあるが、この意見は的を射ていない。なぜならば、デジタルによる、出題形式と解答方法が採られたのは、「ＰＩＳＡ二〇一八」が初めてではなかったからだ。

デジタル調査は二〇一五年から行われており、そのとき、日本の高校生の読解力は、国別順位で八位という世界でも上位のクラスだった。この体験に照らしてみても、デジタル化の遅れが読解力の低下を招いたと断定し、学校教育のデジタル化を正当化するには無理がある。しかも日本の高校生のネット遊びの利用率は、世界でも飛びぬけて高い。「毎日、あるいは、ほぼ毎日、ネット上でチャットをする」は八七％（ＯＥＣＤ平均六七％）、「一人用ゲームで遊ぶ」は四七％（ＯＥＣＤ平均二六・七％）と、どの国よりも遊びに消費していた。学びに使う高校生は少なかったのである。

こうした現実を見ると、文部科学省はあわてて、一人一台のタブレット端末を配布するのではなく、タブレット端末を家庭でも手元に置くことで、逆に学習のさまたげにならないか、遊びに使う時間がながくならないかを、しっかりと検証し、子どもを守る対策を講じておく必要があった。

デジタル媒体との適切なつき合い方や、読書活動などへの効果的な利用法を子どもたちに伝え、自己管理できる力を身につけさせることは大事なことだ。遅れたのはタブレット端末の普及ではなく、端末の使い方やつき合い方などの徹底した事前指導だった。

ＰＩＳＡ調査の代表責任者が、教育のデジタル化プロセスについて、「結局のところ、デジタル化は物事を悪化させている」と語り、「PISA二〇一二」のビッグデータを活用したPISA委員会の実証的研究でも、デジタル化による教育効果は見られないことが実証されたと述べたそうだが、このことの意味は大きい。

東京大学名誉教授の佐藤学さんの分析では、読解力も数学も、学校でコンピュータの活用時間が長時間になると学力が低くなる。ICT教育による学びは、ひろく期待されているような効果をもたらしていないのである。

どうしてこのような結論になったのか。この問いに対して、PISA調査委員会は、コンピュータは、情報や知識の獲得や浅い理解には有効だが、深い思考や学びには有効ではないと答えている。メールや交流サイトに短文を書き、画面の情報は流し読みする。

PISAの報告では、生徒の学力は、学校へパソコンを導入する投資額が少なかった国のほうが、多く投資した国より高い傾向を示した。読解力、数学、科学、すべてにおいておなじだったのだ。

生徒が勉強のためにインターネットを使うことの多い国では、生徒の読解力の成績は平均して落ちている。同様に数学の上達度も、生徒が数学の授業でコンピュータをひろく使っている国では低くなる傾向がある。このように、PISAの責任者はデジタル教育の欠陥を認めている。

PISA計画の責任者アンドレア・シュライヒャーは、それぞれの生徒に、読解力や数学を理解するのに必要な基本の力を取得させるほうが確実で、ハイテクの端末やサービスを拡大して助成金を出すより、よほど効果があると言うのだ。

■長編小説を読み通せない学生

この地球という星には、さまざまな国があり、さまざまな人びとが暮らしている。言葉も生活様式も宗教もちがう。宗教や民族の違いや、その違いをなくそうという考えが要因となって、地域紛争が起こる事例もある。違いをなくそうとするのではなく、さまざまな違いを多様性として認め、共存する道を歩むことが、二一世紀の地球という星の姿でなければならない。

日本国憲法の前文には、「平和を愛する諸国民の公正と信義を信頼して、われらの安全と生存を保持しようと決意した」と書かれている。前文は、人はひとりで生きていくことができないように、平和と安全も日本国だけで実現されるものではなく、諸国民との信頼関係のもとで確保されるという、世界観（国際協調路線）をアピールしている。

アジア太平洋戦争や第二次世界大戦の教訓を振りかえり、日本国は、多様性と共存の未来をめざすことを指針とした。国と国との良好な関係は、まさに言葉のやりとりで解決することで保たれている。言語力が大きな役割を果たしているのだ。双方が話しあう言葉を失えば、武力に訴えるしかない。言葉を使いこなす力、言葉のやりとりで問題を解決する力が、どれだけ大事なことかということが、この一事でも想像されよう。

日本人が日本語を自在にあやつるのは当たり前と、だれもが思ってきた。ところが日本人の言語力やコミュニケーション力（思いや考え方を伝えあう力）が衰弱し、いまや教科書を読めない子どもや、長編の小説を読み通す力を失った文学部の大学生の増加が指摘されている。

会社が新入社員に求める能力として最初にあげるのも、コミュニケーション力である。コミュニケーション力は昔から大切にされてきたが、いま再び強調される理由は、どこにあるのか。それは言語力の低下に加え、世界が大きく変化して、あらためて言語力やコミュニケーション力が求められるようになってきたからだ。

変化の象徴は、世界の多様化とグローバル化（国家や地域などの境界を越えて、人とモノが動くこと）がすすみ、生き方や考え方のちがう人たちと、日常的につき合う時代を迎えていることだ。こんな時代において、争いの根を断ち、ものごとを言葉のやり取りで解決していく土壌の形成が必要となる。その鍵を握るのは、言語力であり、コミュニケーション力といえるだろう。ＰＩＳＡで読解力が重視されるのも、そうした事情があるからだ。

言語力は熟語、文法、敬語などさまざまな要素で構成される。言語力を測るには、それらのすべてを含めることが必要であるが、しかしＰＩＳＡは、言語力を測るためのもっとも効果的な方法として、読む力（読解力）の測定を選んだ。

PISAの読解力調査では、言葉の意味や文法は出題されない。文章を読んでどれだけ理解できるか、読んだことについてどんな意見を持つか、その意見を自分の言葉で表現できるかが重要だと考えているのだ。

■読解力の調査内容を味わう

PISAは、この二〇年、世界の学校教育に大きな影響を与えてきた。日本も例外ではなく、総合学習時間の導入も、ゆとり教育からの転換も、言語活動の重視も、主体的・対話的な学びも、PISAが深くかかわっている。

二〇一九年一二月三日に、二〇一八年の調査結果が発表されたが、すでに述べたように、日本の生徒の読解力は、国別順位で二〇一五年の調査結果の八位から一五位に急落していた。文章を深く読み、理解する能力が衰えていたのである。

二〇〇〇年から三年ごとに実施され、直近の二〇一八年調査では、科学リテラシー、数学リテラシー、読解力の三テーマのうち、読解力を中心に実施された。日本は二〇〇〇年調査以来、のべ一四〇

○校、約四八〇〇〇人の生徒が参加している。
二〇一八年調査には、一八三校、約六一〇〇人の生徒が参加した。二〇一五年調査からは筆記型調査ではなく、学校のパソコンを使ったコンピュータ使用型調査に移行している。PISAを主催するOECD（経済協力開発機構）は読解力について、「自らの目標を達成し、自らの知識と可能性を発展させ、社会に参加するために、テキスト（調査に使われる課題文）を理解し、利用し、評価し、熟考し、これに取りくむこと」と定義づけている。

この定義に基づき、義務教育終了段階にある一五歳の生徒を対象に、これまでに学校や生活場面で学んできたことを、課題解決のために応用する力が、どの程度、身についているかを測定する。

調査に使われるのは、連続型の文章（新聞報道、論文、小説、短編小説、書評、手紙など）と、非連続型の文章（表、グラフ、図、広告、予定表、カタログ、索引、書類など）である。

課題文をよく理解したうえで、①なんのために、なにを伝えようとしているのか。②なぜ、そのようなことが書いてあるのか。③課題文に書かれてあることについて、どう考えるのか、①〜③について正しいものを選んだり、理由をあげて意見を述べたりしなければならない。

二〇一八年調査では課題文に、インターネット上で表現されたニュースや書評、ブログの文章などが使用された。大問は、南米チリ沖に浮かぶ、モアイ像で有名なラパヌイ（イースター）島の巨大な像を運搬する際に使われた植物や大木が島内から消滅した謎について、学者のブログや書評、ネット記事から出題された。

小問は、木のローラーや大木でつくった傾斜路に使用するため、「島民が木々を伐採した」という説と、「ネズミが木の種を食べたため、新しい種が育たなかった」という説を読みくらべ、森林破壊の原因などを考えさせる。

七つの小問のうち、選択型（多肢選択）と複合型選択があわせて五問、自由記述型が二問である。読解プロセス「情報を探し出す」、「理解する」、「評価し・熟考する」について、生徒の習熟度レベルを「6以上からレベル1C未満」の九段階に分けて、各レベルの生徒の割合を示す。

得点の高い「レベル5」に達した生徒は、複数の文章からどれが関連あるかを推論しつつ、長文を深く理解する力や、特定の情報を利用して批判的な評価を加えたり、内容と目的、事実と意見の相違を区別したりする能力を身につけている。

「レベル5」以上の生徒が、もっとも多かったのはシンガポールの二六％で、日本は一〇％だった。読解プロセスでも、「レベル5」の生徒の割合がもっとも多いのはシンガポールで、「情報の探し出し」二六％、「理解する」二六％、「熟考し、評価する」三一％だった。日本は、それぞれ九％、一一％、一三％で力量の差は大きい。

この落差は、日本の生徒はまとまった文章を読んで、そこから情報を取りだす能力が乏しく、出題された文章をよく理解できないために、他者に伝える力も弱くなってしまった証である。紙の本であれ電子書籍であれ、文章を深く読む訓練ができていないのだ。

小問の一つに、サイエンスニュース「ラパヌイ島の森を破壊したのはナンヨウネズミか?」という出題がある。アメリカの進化生物学者ジャレド・ダイアモンドの『文明崩壊』(楡井浩一訳・草思社)には、「一六世紀にヨーロッパ人がその島に初めて上陸したときには、巨木が消滅していた」と記述されている。

これについては、多くの科学者が同意した。しかし、消滅の原因は、モアイ像を動かすために、大きな木を切り倒して利用したという、ダイアモンドの説には同意しなかった。ネズミが木の実を食べたために、新しい木が育たなかったという、新しい説が発表されたのである。

さて、この記事を使った設問は次の通りである。読解プロセスは「評価し、熟考する」であり、出題形式は「自由記述」だった。

「右のタブをクリックすると、それぞれの資料を読むことができます。下の問いの答えを入力してください。三つの資料を読んで、あなたはラパヌイ島の大木が消滅した原因は何だと思いますか。資料から根拠となる情報を挙げて、あなたの答えを説明してください」。

この問いは、三つの資料にまたがった情報を統合し、どの説を支持するかを求めている。この方法で、生徒は異なる学説を理解し、資料中から引用して根拠を示し、的確に伝える能力の有無が測定される。

もちろん、いずれの学説も選ばず、さらなる研究が必要だと主張してもいい。この問題では、日本の生徒の正答率は四八・六％だった。ＯＥＣＤ平均四八・四％をわずかに上まわった。

読解力全体の得点は、日本の生徒は五〇四点だった。二〇一五年の調査結果より一二点、二〇一二年の調査結果より三四点落ちている。正答率が低いのは、全体の三割を占める自由記述である。事実と意見を見分ける力や情報の真贋を見きわめ、どう対応するか、その根拠を示して記述する力に欠けている。

日本の生徒は、自由記述が苦手で、二〇〇〇年の第一回調査からずっと引きずってきている課題である。無回答、つまり白紙提出が多いのだ。二〇〇三年調査でも無回答の割合は高く、二〇〇六年調査では約四分の一の生徒が無回答だった。二〇一八年調査でも自由記述の得点が低く、文部科学省も、全体の約三割を占める自由記述式の問題で得点が悪かったことを認めた。

自分の考えを、根拠を示して他者に説明することが不得手なのだ。二〇〇〇年調査でもおなじことが指摘されながら改善されていない。授業でも自分の意見を発表したり、自分の意見を文章に書いたりする機会が少ないと指摘されながら、その改善に努めてきた気配は薄い。

新聞や本を読む生徒は、読解力の正答率が高いことも、つとにわかっていながら、新聞や本を読む時間をカリキュラムに取り入れる気配はない。

日本の高校生の読解力の低下は、二〇一八年調査の結果からも認めざるを得ないのだが、関連資料からは、読解力向上につながる、高校生の柔軟な思考も読みとれる。読解力調査では、本、雑誌、新聞、ウェブサイト、ブログ、メールなど、多様な文章が課題文として使われる。多様な文章を読み、理解力や判断力、情報の真贋を見きわめる力のレベルが測られるのだ。

この測定は、OECDの教育観に基づいたものである。この教育観は、急激な予測できない変化をとげる社会では、「過去の知識と経験の集積」だけでは対応できないとして、「変化に対応できる力」、「多様性に生きる力」。「多様性を活用する力」を育てるところにある。読解力は、それをつちかう源泉となる。

二〇一八年調査で、読書を多面的な視野からとらえようとしたのは、知識を活用・応用して、問題を発見する能力や問題解決能力を育てることを目標にしているからだ。

「あなたは、どのくらい当てはまりますか」との問いに対し、「まったくその通りだ」「その通りだ」と、肯定的に答える生徒の割合を調べる項目もあった。

たとえば、こうである。

・「どうしても読まなければならないときにしか読まない」は日本が三九％、OECD平均は四九％。

・「読書は、大好きな趣味の一つだ」は日本が四五％、OECD平均は三四％。

・「本の内容について、人と話すのが好きだ」は日本が四三%、ＯＥＣＤ平均は三七%。
・「読書は時間の無駄だ」は日本が一六%、ＯＥＣＤ平均は二八%。
・「読書をするのは、必要な情報を得るためだけだ」は日本が二八%、ＯＥＣＤ平均は五〇%。

これらの数値を総合的に分析すると、日本の生徒は、読書を肯定的にとらえ、しかも読書は、単に情報を得るために行うものではないということも、よく理解している。読書を肯定する生徒の割合は、日本は調査対象の一八か国中の上位にある。

「まったくその通りだ」「その通りだ」と肯定したグループと、「まったく、その通りではない」「その通りでない」と否定したグループに分けてみると、得点にも大きな差がある。「読書は大好きな趣味の一つだ」は、肯定五三二点、否定四八二点、「本の内容について人と話すのが好き」は、肯定五三〇点、否定四八六点である。日本は読書を肯定的にとらえる生徒のほうが、得点の高いことがわかった。

■成績の良い生徒は紙の本を読んでいた

紙の本とデジタルで本を読んだ場合、読解力にはどう影響するのか。「本は紙で読むことのほうが多い」と回答した日本の生徒の平均得点は、五三六点でもっとも高く、次いで「本は、紙でもデジタル機器でも同じくらい読む」が五二〇点、「本はデジタル機器で読むほうが多い」は四七六点と続く。

一八か国で見ると、日本を含む一三か国で「本は紙で読むことのほうが多い」と回答した生徒の平均得点がもっとも高く、国際的にも、読書には紙の本が適していることを裏づけられた。

では読書時間と読解力得点との関係はどうか。一日一時間〜二時間と回答した生徒の平均得点は五四〇点であり、一日三〇分以下は五二五点と低い。読解力の得点と読書時間の関係で見ると、一時間〜二時間の読書が効果的のようである。これらの調査内容から考えて、読解力が低下した要因を、学校教育のデジタル化の遅れに求めるのは適切ではなく、個人の能力だけに求めるのも酷《こく》であろう。

根拠を示して説明する自由記述の正答率の低さや、論理的な思考の弱さについては、「PISA二〇〇〇」のときから社会的な関心事となった。読書力が学力に大きな影響を与えるということも、脳科学や発達心理学、認知神経科学など、幅広い分野の専門家に指摘されてきた。

しかし「PISA二〇一八」の結果は、日本が二〇年ほど前の課題をそのまま引きずっており、いまなお、課題解決のきざしは見えていないことを示す。読解力は、すべての科目の学力にかかわっており、それは読む力をしっかりと身につけることで養われる。この信念がなければ、子どもの読む力を引きだし、伸ばすことなどできるものではない。

二〇一八年調査では、日本の子どもは、世界各国の子どもに劣らず、読書が好きで、読んだ本のことを話すのも好きだと答えている。いろいろな本を読みたいという欲求も強い。こうした読書意識は、いま芽生えたものではない。

いまから一二年前の「二〇一〇年版読書世論調査」でも、「本を読むことが好き」と答えた小学生は八一％、中学生七六％、高校生八七・五％にのぼっていた。さらに「本を読むことは大切か」という問いには、小学生は九〇％、中学生八八％、高校生八七・五％が、「大切だと思う」「どちらかといえば大切だと思う」と答えている。その後も、この数値に大きな変動は見られず、日本の子どもは本当に読書が好きなのである。

問題なのは、「読みたいけれど、どんな本を読んでいいのかわからない」という悩みを抱える子どもの存在だ。表には出にくいけれど、本の選択でとまどう子どもは多いのである。そうしてこれが、子どもが読書に距離をおく要因の一つともなっている。

耳をすましてみると、家庭でも学校でも、本や読書のことで話しあうことが少なくなった、という子どもたちの声が聞こえてくる。小学生のときは、親や先生に本を読んでもらって、読む本も紹介してくれたけれど、中学生や高校生になると、学校でも家庭でも本の話はなくなった。あるいは少なくなった。

中学校から高学年へと進むと、読書量が急激に減るのは、本や読書のことを話せる人が、身近なところからいなくなったからとも言える。圧倒的に多い「本は好き・読書は大切」と考える子どもたちの欲求をどう救いとるか。教師や保護者、大人全体が真摯《しんし》に受けとめなければならないことだと、わたしは思う。

■見えぬけれどもあるんだよ

保育所に勤めて八年目のある保育士さんは、幼児の成長にいちばん必要とされているのは、物語を読んでもらうこと、話かけてもらうことだ、と言っていた。歌ったり、跳んだり、走ったりすることがプログラムに入っていたら、スマホやテレビの画面は必要としない。

物語や詩を読んであげると、三、四歳の幼児の目は輝く。子どもたちにせがまれて、彼女がくり返し読んであげるのは、金子みすゞの詩「星とたんぽぽ」である。

青いお空の底ふかく、
海の小石のそのように、
夜がくるまで沈んでる、
昼のお星は眼にみえぬ。

見えぬけれどもあるんだよ
見えぬものでもあるんだよ。

散ってすがれたたんぽぽの、
瓦《かわら》のすきに、だァまって、
春のくるまでかくれてる、
つよいその根は眼にみえぬ。
見えぬけれどもあるんだよ
見えぬものでもあるんだよ。

金子みすゞの詩は、自然や人間に対する寛容な姿勢を秘めている。すみきった日本語が保育士さんの肉声で伝えられ、子どもたちは想像力をふくらませるのである。「詩がわかるのかな」とは大人の発想であり、子どもは言葉の響きで詩の世界を感じているにちがいない。言葉を感じるだけで十分ではないかと、わたしは思う。

金子みすゞは、否定的にものを見ることをしない。ものごとを肯定的にとらえる心の姿勢が、子どものみずみずしい情緒を刺激し、また読んでもらいたくなるのであろう。「私と小鳥と鈴」という詩では、空を飛べる小鳥は、私のように地面を速く走れない。あの鳴る鈴は、わたしのようにたくさんの唄は知らない。こんなふうに、それぞれの持ち味をとらえ、鈴と小鳥と私は「みんなちがって、みんないい」と、うたうのである。

その保育士さんは、幼児たちに詩を読んであげることで、自分の国の言葉がどんなに美しいものであるかを体感させ、想像力や好奇心を引きだすことができればと願っていた。「就学前の子どもに、豊かな言葉の世界の扉を用意してあげたい」と。

いま、日本語の基盤が揺らぎ、日本語の教科書が読めない、自分の名前を漢字で書けない、自宅の住所を正しく書けない、そうした子どもたちが増加傾向にある。就学前の読み語りの体験の量や、聞き言葉をどれほど積みかさねたかは、その後の言語体系に大きな影響を与える。

教育のデジタル化で、義務教育の基盤である〝読み・書きの能力〟に黄信号が灯《とも》っている。わが国の義務教育は紙の教科書、ノート、鉛筆、板書《ばんしょ》を前提としてきた。教科書を丸ごとデジタル化し、画面で読み、電子黒板に写すことは、明治以来の学校教育の仕組みを変えることである。

周到な準備を必要とする事柄であるにもかかわらず、経済戦略が優先されて性急にデジタル化が促進されている。教師の指導法も洗いなおすことになるだろう。子どもがまごつかないように、教育システムの置換には時間をかけるべきである。

文部科学省が二〇二一年五月に公表した「全国学力・学習状況調査」の報告書を再読し、わたしは国語への危機意識を募らせている。一読してわたしが感じたのは、国語力が低いということである。国語の平均正答率は小学校、中学校とも同数の六四・九％である。正答率をもう少し細かく見ると、小学校で「話すこと・聞くこと」は七七・九％、「書くこと」六〇・八％、「読むこと」四七・四％だ。

解答方法を見ると、選択式は七一・九％、記述式は四〇・四％である。記述式の正答率は約四割と低い。正答率で見ると小学生は、目的や意図に応じて、理由を明確にしながら、自分の考えが伝わるように書きあらわすことが苦手なのだ。中学校はどうか。「話すこと・聞くこと」八〇％、「書くこと」五七・三％、「読むこと」四八・九％である。読むことは五割に到達していない。解答方法を見ると、選択式六四・二％、記述式五六・三％である。

くわしく書く必要がある場合や、簡単に書いたほうが効果的である場合、どうまとめるか、その判断力が育てられていない。しかし生徒は、文章全体の構成をとらえ、内容の肝《きも》となる事柄を把握する力は持っている。むしろ、国語を教える教師側の力量が問われているのかもしれない。

■小学生が読みこなせない文章とは

小学生が読みこなせない文章とはどのようなものか。出題された文章を書きうつしてみる。

「狩猟《しゅりょう》のため、愛犬をつれて山に登ったジョルジュ・デ・メストラルは、犬の毛に野生のゴボウの実がたくさんついていることに気がつきました。不思議に思い、その実を持ち帰って顕微鏡《けんびきょう》でくわしく調べてみると、ゴボウの実は先の曲がったかぎ状のトゲでおおわれていることがわかりました。そのトゲが犬の毛にからみついていたのです。このことをヒントにメストラルは研究を重ね、数年後、特殊《とくしゅ》な素材を使い、面ファスナーを作り出しました」。

（出題には、面ファスナーの仕組みの図表が添付されている）

この説明文を読み、図表と結びつけて、面ファスナー開発のヒントになったことや、その仕組みについて、五〇字以上八〇字以内にまとめて記述する。文をよく理解しているか、肝心な情報を引きだし、分析・評価しているか、その能力が測られる。正答率は三四・六%だった。文部科学省の示す正答例は、次の通りである。

「メストラルは、ゴボウの実が犬の毛にからみついていたことをヒントに、かぎ状のフックが輪の形をしたループに引っかかることでくっつく仕組みの面ファスナーを作り出した」。（八〇字）

この解答は、あくまでも一つの事例である。「解」は一つではない。子どもの数ほど、異なる解答があっていいのだ。事実、解答内容はさまざまで、犬の毛がヒントになったことは書いているが、仕組みを書いていない子がいた。仕組みは書いていても、ヒントになったことは書いていない子もいる。どちらも書いていない子もいた。総じて、説明文と図表をつなぎ合わせ、関連づけて考える力が乏しい。

中学生はどうだろうか。文章で表現されたモノの見方や考え方を理解し、自分の考えを加味して論理的にまとめる力が不足している。その半面、登場人物の言動の意味を考えたり、内容を理解したりすることはできている。この正の側面を引きつづき伸ばし、読解力の向上と論理的な思考法に慣れる指導へと高める必要がある。

読解力や記述力を身につけるには、国語ほど役立つものはない。国語科を入り口にして、教科書外の書物や資料とつなぎ、読む文章の範囲をひろげることで、文章題を読み、理解する力が備わってくるにちがいない。

文部科学省の調査でも、ＰＩＳＡでも、そのほかの読書世論調査でも、どの調査を見ても、新聞や本をよく読む児童・生徒は読解力があり、記述力も達者《たっしゃ》で学力が伸びている。読書力は、学力向上の切り札といっていい。

文章の読み書きは、生涯にわたる基礎的知識として役に立つ。小学校で教わった「学びの体験」はその後の学力を支え、生きる力の源泉となる。社会人になってもっと効果を輝かせるのは、国語力と言えるだろう。

夜の繁華街や街路、職場や家庭をはじめ、いたるところに文字があふれている。それらの文字や表記を読むことができなければ不便なことにちがいない。役所に届ける書類、生命保険、そのほかの数々の契約書、職場の就業規則や仕事のマニュアルまで、最低限の読み・書き能力がないと、この世をわたることは相当にきびしい。

仕事のマニュアルを読めないために不良品の山を築いた工場の事例もある。社長の音頭で、工場の一角に本棚を置き、読書を奨励している会社もある。

■社会を動かす国語力

南アルプスのある山小屋に滞在していたとき、アルバイトの大学生とおしゃべりする機会があった。関西の私立大学文学部に籍があり、夏休みは毎年、山小屋で働いていると話していた。山小屋は、住み込みで三食つきだから、小づかいを使うこともなく、山を下るときはふところが、それなりに温かくなっていると言っていた。

話が〝若者ことば〟に及んだとき、彼女は「日本語と国語の概念はちがいますか」と問うてきた。

国語学や国語学史の知識を身につけていないわたしは、論理的な説明ができるわけもなく、書物を通じて知った、専門家の頭脳を借りるほかに術はなかった。まさにドイツの哲学者、アルトゥール・ショーペンハウエルの「読書とは、他人の頭にものを考えてもらうことである」を踏襲《とうしゅう》したのである。

国語学史の分野で多大な功績を残した、東京大学名誉教授時枝誠記《ときえだもとき》は、国語とは日本語のことであると言い、国語の名称がさかんに使われるようになったのは、明治以降のことだと書き記している。

欧米の文化が怒涛《どとう》の勢いで流入してきた明治期、日本の基層をなす文化、あるいは国家をまとめる言語として、国語を整える必要性に迫られた。時枝は、そうした趣旨のことを書き残している。

学問的には国語をめぐって、いろいろな概念や定義があるかもしれない。けれども、日々の暮らしのレベルでは、日本語も国語も、おなじ意味合いのものだと理解できるのではないか。そのようなことを語ったことが、わたしの「山行ノート」には、記されている。

下山後に調べてみると、国語は明治このかた、国家と国民を結ぶ大きな力として作用し、国際的にも遜色《そんしょく》のない識字率を高める原動力となった。国語という概念が生まれるまでには、国学者と漢学者とのあいだで激しい抗争もあったようだ。そうした時代状況は、島崎藤村の『夜明け前』でも、青山半蔵の人生を通じて描かれている。

明治四年に文部省が設立され、翌五年には学制が公布された。新学制の小学校で力を注いだのは国語教育であった。江戸時代の寺子屋の学習法にならい、読み書きが重視され、読本の教科書としては、福沢諭吉《ふくざわゆきち》の『学問のすゝめ』や『西洋事情』が採用されている。福沢の著書が、教科書に使われた事情は、西欧文明を手本に日本文明を西欧なみに開化させようという、明確な目的と方向性が明示されていたからであろう。

福沢諭吉の著作物は、実学を説く古典的な作品として、いまも人びとに読まれている。新しい学制のもとで行われた小学校の国語教育が、綴字《ていじ》・単語・読方・単語書取・読本読方・読本論考を重視したことから類推すると、この時代にも国語力は、学校教育のすべての科目の学習にかかわる、大切な基礎学力であることが認識されていたように思える。

時代はかわっても、日本文化の基層をかたちづくる国語の役割は、その普遍的な部分を継承し発展してきたのだ。普遍的な部分とは、国語力がなければ、教科書もそのほかの文章も読めないし、理解もできないという点である。数学の文章題や社会科の統計数字、理科のグラフなども、国語力がなければ読み解くことはできないし、文章題が読めないと、答えを書くこともできない。

二〇二二年度大学入試の共通テストの平均点は、数学一・Aや国語、化学など一九科目で昨年を下まわっていた。このうち数学一・Aは三七・六六点であり、日本史B、数学一、化学など七科目は過去最低の点数だった。学力の低下がいちじるしいと見なければならない。平均点が落ちたのは、文章題を読みとる能力の劣化、すなわち国語力の低下にあると指摘されている。

数学の計算問題は公式を覚え、計算力があれば回答もできるだろう。しかし文章題では、文章を読み解き、出題の意図を理解する力が求められる。日本語を正しく読み解く力がなければ、出題の意図は読みとれないし、正しい答えを書くことができるはずもない。

興味深いデータがある。日本の子どもたちは、国語の教師の授業に好意的なのだ。ということは、教師が指導力を発揮しやすい土台ができているということである。「PISA二〇一八」で「国語の授業における教師の支援」の好感度を測るため、「まったく、またはほとんどない」「たまにある」「たいていそうだ」「いつもそうだ」の四つの選択肢から、どれか一つを選ばせた。

日本とOECD平均の割合を見ると、「先生は、生徒一人ひとりの学習に関心がある」は、日本七五%、OECD平均七一%。「生徒が助けてほしいときは、先生は助けてくれる」は、日本八一%、OECD平均七五%。「先生は、生徒の学習を助けてくれている」は、日本八三%、OECD平均七六%。「先生はわかるまで、なんども教えてくれる」は、日本七七%、OECD平均七一%である。

日本は、どの項目もOECD平均を上まわり、国別順位ではどれも上位にある。これは、教師に対する、生徒の好感度と信頼感を表明するデータであり、こうした生徒の意識を国語の授業で引きだせるかは、教師の指導力にかかわっている。

■大村はまの図書室を使った国語授業

大村《おおむら》はまという国語教師は、子どもたちに好感度の高い伝説の教師であり、日本の教師たちに大きな影響を与えている。教師たちが、大村に魅力を感じるのは、教える能力や子どもの心をつかむ技術にすぐれ、授業方法も類のないものであったからと伝えられている。大村は教えることに、ある限りの力を集中させ、授業にのぞむにあたって、激しい心意気を衰えさせることはなかったそうである。

細かいことを子どもに注意するのではなく、子どもたちがやる気をなくさず、授業への参加に意欲が生まれるように、細心のやさしさで教えたようである。大村の教え子である苅谷《かりや》夏子《なつこ》さんは、大村教室の雰囲気を次のように書き記している。

大村国語教室は、私（苅谷夏子）にとって新しいことばかりだった。授業中にとる記録、てびき、資料、週刊の国語教室通信、作業のためのメモから構成案、作文、試験問題や答案、解答の解説や評価表などは、すべて穴をあけてバインダーに綴じ込んでいく、まずそのことを習った。（中略）学期末になると、分厚い束（実際厚さが三センチほどに達したこともあった）にページを打ち、目次をつけ、まえがき、あとがきも書き、本格的に奥付をつけ、そしてちょっと凝った名前までつけて、一冊にまとめることになっていた。教科書とノートという二点セットに慣れていた私の目には、それは非常に大人っぽくて高級な勉強方法と映った。教室の隅には、表紙用のきれいな色画用紙や、光沢のある何色ものリボンが用意してあって、大きな電動の穴あけ機まであった。

大村はま・苅谷剛彦・苅谷夏子著『教えることの復権』（筑摩書房・二〇〇三年）

苅谷夏子さんの驚きはそれだけではなかった。いつも図書室で行われる授業も、意表をつく風景だった。辞書や事典は当然のこと、図書室全体の本を資料として扱うような授業のあり方だった。図書室にかぎらない。生活の全般に国語教育の教材を求める。新聞記事や書評、広告や放送、日常の言語生活、出版社の図書目録やPR誌など、たいへんな種類と数の資料が、教材として教室に入ってきた。

中学校の三年間はあっという間にすぎていった。この三年間で準備しなければならないことは、社会で生きていく心構えであろう。社会にはあらゆる文章が氾濫《はんらん》している。教科書以外の教材をふんだんに使った授業は、そうした文章を読みこなせる人間に導こうという、心意気を示すものであろう。

PISAの読解力調査も、生徒の身近なところにあるメディアを課題文として利用し、言語力や知識、技能の習得を支援している。大村はまは半世紀以上もまえに、そうした国際社会の学習水準に比《ひ》肩《けん》、あるいは超える授業を実践していたのだ。

図書館を常に活用して、国語の授業を行っていたことも、画期的な授業方法であったにちがいないし、図書館が子どもの暮らしと外の世界をつなぐ場所であることも、十分に考慮していたにちがいない。

　大村はまは、戦前は長野や東京の高等女学校の教師だったが、新制中学校の誕生とともに、東京下町の中学校に赴任する。それからずっと普通の公立中学校の教壇に立ち、国語教師として単元学習（ある主題を中心に行う学習活動）を実践した。

　一九五三年に学校図書館法が公布され、条文には、「学校図書館が学校教育に欠くことのできない基礎的な設備である」ことが明記された。すべての教育課程で学校図書館を計画的に使おうという方針も、一九五〇年代の学習指導要領で提起され、その方針は、そののちもずっと継続されてきている。

　しかし図書館活用型の授業は、その授業を支える学校司書の配置や、図書資料が十分でないため、いま一つひろがりに欠けている。大村の図書館を使った単元学習は、昨今《さっこん》の現実に照らしても画期的なことだった。

　単元学習に『私の履歴書』が選ばれたことがあった。その授業を受けた苅谷夏子さんの話を、かいつまんで紹介しておこう。大村は、日本経済新聞に連載されている各界著名人の『私の履歴書』の単行本刊行が数十冊に達した、と生徒たちに紹介したあと、履歴書や自叙伝《じじょでん》、半生記という言葉について話をした。

　そうして自分の履歴書、これまでの自分を語る文章をまとめてみようという、授業の方向性が示された。早速、『私の履歴書』の構成メモをつくり、文案を書きはじめた生徒たちに、大村が声をかけた。

「はい、そこまででやめましょう。今考えた文章は、書きたかったら書いてみればいいでしょうが、書かなくてもかまいません。構成を考えたメモだけは、しっかり学習記録に入れておきなさい。さて、どうでしたか、『私の履歴書』を書こうとするときに、できごとを一から十まですべて、あったとおりに、そのままに書くわけではなさそうでしょう。書いてある内容そのものが、その人をすっかり表現しているわけではない。選んだことを選んだ表現で書く、実際あったことでも、書かないこともある、そこにこそ、その人らしさが出てくるんじゃありませんか……」。

『教えることの復権』

このあと、生徒一人ひとりに、別々の人物の『私の履歴書』が配布された。「先生が選んだものですよ」と、海外生活が長い国際派の吉本さんには澤田美喜《さわだみき》、苅谷さんには女性運動家で衆議院議員の神近市子《かみちかいちこ》、絵の好きな小見君には東山魁夷《ひがしやまかいい》が手渡された、と苅谷さんは書いている。もちろん、三人だけではなく、クラス全員に別々の履歴書が配られたのだった。

わたしは本棚から、『私の履歴書』を取りだして調べてみたのだが、三人の自叙伝はそれぞれ、第二一集、第二三集、第二五集に収録されていた。大村のこの単元授業は、一九六五年に第二五集が出版されてから、二、三年後と見られる。

第一集から二五集までの二五冊には、計一六七人の履歴書が掲載され、そのなかから、大村は生徒が関心を持ち、意欲がわくような人物を探索し、手渡したようである。見事な大村の態度に、わたしは感嘆する。ちなみに『私の履歴書』は二〇二三年のいまも、日本経済新聞の朝刊に連載されている。

■猛然と本に向かった子どもたち

神近市子という人を知らなかった苅谷さんは、その自叙伝を読みはじめると、じきに夢中になった。一八八八年に長崎県に生まれ、評論家・婦人解放運動の先駆者として知られ、アジア太平洋戦争後は、社会党代議士として活躍した。神近市子は、人前で臆《おく》するところなく、堂々と発言し社会を変えていこうとしていた。自立したアイデンティティの持ち主だったのだ。

中学三年生になっていた苅谷さんが、精神的にもがいていたのは、自らのアイデンティティの問題だった。それだけに、神近の自叙伝は大きなインパクトがあった。

苅谷さんは、「同じ本を読んでいる人は、自分以外にはいない。自分だけがこの人の『履歴書』を読み、この人を知り、最後にクラスの友だちに報告する」と、学習意欲に燃える文章をつづっている。そうして、「私たちは、猛然と本に向かった。幸せな読書体験だった」と振りかえる。

苅谷さんの精神的なもがきは、ほかの生徒にも当てはまることだったにちがいない。中学三年生は小学校時代の衣《ころも》を、少しずつ脱ぎはじめたばかりである。大人の身体になりながら大人とは認められず、苅谷さんのように「自分は何者か」と自分の存在を問うている。

まことの自分を求めてもがき、苦しんでいるときに、人生の艱難辛苦《かんなんしんく》を乗りこえ、堂々と、社会的な役割を果たしている人びとの自叙伝が授業で使われる。現実の生活では体験できない、日本のリーダーたちの人生を、本を読むことで生きることができたのだ。

この単元学習は、子どもと大人との中間期に生きる若者の揺れうごく精神をひき立て、『私の履歴書』を書くにあって、最高のお手本となったにちがいない。生徒たちが「血わき肉おどり、よしやるぞ」と心に決め、「猛然と本に向かった」のは、自分たちをよく理解してくれる、大村への敬慕《けいぼ》であり、深い信頼感だったろう。

大村は、思春期の子どものもやもやとした精神の揺籃《ようらん》を、学習意欲に切りかえるよう導いたのだった。大村は、小学校は子どもの学校、中学校は大人になる学校と峻別《しゅんべつ》していた。大人としての知識や考え方、行動のしかたを教えようとしたのである。

それは、『私の履歴書』を読ませた点によく現われていた。ここには政治家、経営者、芸術家、文学者など著名人の生い立ち、家族とのトラブル、学びの心構え、挫折、仕事の失敗、そして成功、苦難や難局を乗りこえていく考え方、行動の仕方など、多様で豊かな人生が提出されている。中学生も社会人も、ともに分け入ることのできる本である。

この授業を受けた中学生の人格形成に、測りしれない影響を与えたものと思う。単元「私の履歴書を読む」の締めくくりは、自分が担当した履歴書の執筆者を、端的にあらわす表現を考え、根拠を示して発表することだった。

授業の流れを追ってみると、単元学習は始まりのところで、自分を表現することの本質を体得させ、次に著名人の履歴書を読んで、文章の構成や文体や人物を理解し、それから自分史を書く体験へとすすむ。子どもの心理にまで分け入り、教室の窓の外側と子どもの内面をつなぐ指導の方向を、わたしは感じとる。

おさらいすれば、この単元は、文章をよく読み、情報を取捨選択し、人物を象徴する言葉を探しあて、思考を深め、自分の言葉で表現し、他者に伝える力の獲得にあることがわかる。

大村の国語教育のユニークなところは、学校図書館全体の本を、資料として使いこなす授業にある。教科書以外の文章からも、学び方を学ぶ授業を実践したのだ。国語の教科書以外の文章を使うことは、教科書をないがしろにすることではない。教科書は、もっとも重要な人類の歴史や文化遺産を継承・発展させようというものであり、学校教育の肝といっていい。

大村が重視した「ことば」の単元では、教科書を一冊の本としてとらえ、文章の書きだし文を研究したり、その教科書に出てくる少年全員を取りあげて考えたり、丸ごと一冊を編集しなおしたり、授業の基本資料として活用した。

安野《あんの》光雅《みつまさ》著の『旅の絵本』も、授業で使われた。字のまったくない絵本である。三〇数名の生徒に『旅の絵本』を持たせ、旅人の道中を文章に書かせる。字がある絵本よりも、もっとたくさんの言葉がある、その言葉を引きだそうというわけだ。

字のない絵本から生徒たちは、言葉を聞きとっていく。ダミ声、かん高い声、ひそひそ声、ついでに声の表情までを聞きとる。人びとの動きも風景も、言葉に置きかえていく。想像力と表現力、思考力をみがく最良の授業かもしれない。人間や社会に対する深い理解は、こうした授業の積み重なりのなかで、子どもの心の底に育まれていくのである。

わたしは、この稀有《けう》の国語教師大村はまの授業を受けた生徒の側から、大村の国語教育を考えたいと思った。それゆえ苅谷さんの言葉を借りて、授業の雰囲気を記述してきたのだが、次の単元学習「旅の絵本」にかかわる、大村と苅谷さんの対談は、国語教育のあり方ばかりでなく、読書活動を推進するためのヒントにもなるだろう。

夏子　この絵本には一人の旅人がいるんです。小さな船を漕いでやってきた旅人が上陸して、風が草原を吹き渡るような広い景色のなかをずっと旅していく。

大村　旅人の身になって一緒に旅をことばにするのね。旅の本にはいろんな生活がこまやかに出ている、泥棒まで出ている。

夏子　一人一冊ずつ絵本を持たせてもらって、旅人の道中を文章に書いた。小さなきれいなノートを一冊ずつもらって、絵本をめくりながらノートもめくりながら、絵本に重ね合わせた文章を書いたのですよね。

『教えることの復権』

『風姿花伝』には、「子どもに舞や芸を教えるとき、そうむやみやたらに教えてはならない。あまりひどく世話を焼きすぎると、子どもは意気ごみがくじけて、嫌気をさすようになってしまえば、もう能は伸びなくなるものだ」と記されている。子どもの個性を尊重し、自発性を引きだす教育法が読みとれる。

大村はまの国語の授業も、型にはめようとするのではなく、その子が備えている内面の力を引きだそうと腐心《ふしん》している。こうした大村自身の努力が子どもたちにも人気があった理由であろう。大村は、国語が学校教育のすべての基本、いや人生のすべての基本であることを熟知した、教師だったのであろう。『私の履歴書』を精読させて、筆者の人生や時代背景を正確に理解させ、考える力や想像する力を磨《みが》きあげる。

子どもたちは、人生の達人である人たちの『私の履歴書』を読み、現実に体験できない複数の人生を生き、読書の意義を理解するきっかけを手にしたにちがいない。大村の授業で育てられた国語力は、生徒たちにとって、生涯にわたって学びつづける力となる。大村の授業方法・教える技術を見ると、教師はなにものにもかえがたい、最大の教育資源だと、わたしには思える。

第八章

読むとき、生きる力が育つ

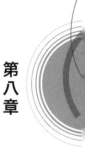

■難病のケビンと学習障害児のマクスウェル

「読む力」は、人間の安全保障につながるということを、わたしに教えてくれた映画がある。いまから二五年以上も前に観た、ピーター・チェルソム監督の「マイ・フレンド・メモリー」だ。

いのち短い難病のケビンと、学習障害児であるマクスウェル。この二人の少年の濃密な友情を描いた作品だった。読み書きのできないマクスウェルは、好奇心の旺盛な読書好きのケビンと出会い、読み書きを教わる。ケビンとのつき合いで、本を読むことの楽しさを体験する。

死の近いことを悟ったケビンは、ある日、マクスウェルに「言葉は絵の一部だ。文章は絵だ。きみは想像力でそれをまとめるんだ」と言い、手製の白いページの「本」を手わたす。マクスウェルは生まれてはじめて、紙のノートと出会った。自分が想像したことを文字でつづり、物語が完成したとき、ケビンの命はつきた。

「きみの力で生きようと思った」と、マクスウェルは小さな声でつぶやいた。ケビンはマクスウェルが生きることができるように、読む力と書く力の手ほどきをして亡くなった。読むことを知らなかったら、マクスウェルは「書く」ということも経験できなかった。

人は、本を読まなくても生きていくことはできる。しかし本を読むことで、マクスウェルは自分の居場所を見つけ、もう一つの世界を発見し、より深く人生を生きる道を歩くことができるようになった。チェルソム監督のメッセージには、「子どもの読書力を育てることは、生きる力を育むことだ」ということがこめられている。

もう一本は、一二年ほど前に観たアメリカ映画「プレシャス」である。黒人の少女プレシャスは、父親にレイプされ、それに嫉妬《しっと》した母親に虐待《ぎゃくたい》されていた。一六歳のとき、二人目の子どもを身ごもったことが学校に知られて、オルタナティブスクール（代替学校）へ転校させられる。

読み書きのできなかったプレシャスは、ここですぐれた女性教師と出会い、自分を表現することの大切さを教えられた。プレシャスは先生の指導のもとで、読み書きをおぼえ、自分を表現する術を手にした。

身につけた読字能力は、人間としての誇りと自立への意思を気づかせる。自己肯定感にめざめたプレシャスは、両親への隷従《れいじゅう》を断ち、レイプと虐待の生々しい現実から自分を救いだしたのだった。

自分の思いを、自分の言葉で表現することのすばらしさに気づいたことは、彼女の人生を大きく変える出来事だった。それまで感じたことのなかった、わが子への強い愛と、子育てへの深い自信をもたらした。言葉の習得は、読み書きが、他者のことに思いを寄せる情緒を育てたのである。

マクスウェルとプレシャスが読み書き能力を身につけたことは、二人のその後の人生に無限の可能性をもたらすかもしれない、と考えながら、イギリスの教育者マーガレット・ミークの言葉を思いだしていた。「五歳の子どもに読むこと、書くことの大切さなど教えようがない。大人たちにできるのは、読むことがいかに楽しいかを教えることだけである」。

■読書はリテラシーの危機を救う

本を読むとは、どういうことか、また、どのような意味があるのか。このテーマは昔もいまも専門家たちの興味をかきたて、研究対象となってきた。

アメリカの言語学者スティーブン・クラッシェンは、一九世紀から二〇世紀にかけてのおよそ一〇〇年のあいだに、アメリカ、イギリス、カナダ、アジアなどで発表された、二三〇余の読書に関する主要な研究論文や著書や調査結果を探究し、自由読書とリテラシー（読み書きの能力）の関係を考察している。

自由読書といっても、何か特別の読み方を言うのではない。読みたいから読むということであり、読書ノートは書かないし、読書感想文も求めない、ましてや練習問題を出して答えを求めるようなことはしない。だれもがいつもやっている読書の方法だ。

自由読書についての一〇〇年間の調査データを分析したクラッシェンは、リテラシーの危機を解決する方法はたった一つだと言いきる。それは多くの人びとが、あまりやらなくなってしまった行為、つまり読書だ。

クラッシェンは、その著書『読書はパワー』(長倉美恵子ほか共訳・金の星社)のなかで、「過去の研究論文や著書のどれもが、読書はリテラシーを発展させ、読解、文体、語彙、文法、つづりの能力を増進させる、強力な手段である」と言い、「直接的な言語指導よりも読書のほうが効果的であると、どの調査からも証明され、科学的に裏づけられた」と説いている。

もっとはっきりとした結論は、読書はすぐれた読書家を育て、よい文章を書き、適切な語彙を持ち、高度な文法を駆使し、正確な字をつづれるようになる、唯一の方法だということである。読書の効果的な事例として、クラッシェンはアメリカの公民権運動家のマルコムXの事例を紹介している。彼は二〇歳のときに強盗で逮捕された。獄中での学習はほとんど読書だった。辞書を引きながら語彙を増やし、出所後は鋭い弁舌と行動で知名度をあげた。

文章力の発達は、ノンフィクションを読んだおかげと言い、「どこの学校の卒業生か」と聞かれると、「本です」と答えた。マルコムXが制度化された学校に通ったのは、中学校までの八年間であり、「本」が高校や大学の代わりとなった。

日本にも高学歴ではないけれど、独学で学び、人びとを勇気づけている人はたくさんいる。わたしの好きな作家、松本清張《まつもとせいちょう》や池波正太郎《いけなみしょうたろう》もそうだ。二人は、ロングセラー作家であり、自らの作品群を通じて、多くの人びとに本を読むことの楽しさを伝えている。

建築家の安藤忠雄さんも、大学の建築学科で学んだわけではない。高校卒業後、幸田露伴《こうだろはん》の『五重塔』などをポケットに世界を放浪し、有名無名の建築物を見てまわったそうである。

池波正太郎は、小学校を卒業すると、証券会社や役所で働きながら本を読み、作家の長谷川伸《はせがわしん》に小説の手ほどきを受ける。膨大《ぼうだい》な作品群があるけれど、長編短編を問わず、物語の展開は抜群におもしろい。人を裏切ったりする人物にも、よいところを見つけ、生きるチャンスを与える。そうした寛容な人間観が作品の全体を貫き、切ないほどのやさしさが心をゆさぶる。

松本清張は、高等小学校を卒業すると、すぐ働きはじめ、印刷工や給仕、仲買人などいろいろな仕事に就いた。会社面談では、わが社は大学卒の職場だから小学校卒は採らないと、突きはなされたこともあったようだ。かれは、まともな収入のない時代、八人の家族を養い、困窮《こんきゅう》した生活を体験している。

そのころの辛かったのは、と清張は振りかえっている。それは、中学校に進学した小学校時代の同級生に、通学の途上で出あうことだった。詰襟服《つめえりふく》を着て、商品を自転車にのせて配達する。そんなとき四、五人づれで、教科書を入れたかばんを持つ友だちを見ると、こちらから横道に逃げた。

早稲田大学から出ている講義録を取りよせて読んでみたり、夜の英語学校に通ってみたりしたが、意思が弱いために、どちらもモノにならなかったそうである。読書の傾向は文芸ものに向かった。

一八歳のころ、清張が読んだのは、春陽堂文庫や新潮社の出版物だった。明治時代の作家では、夏《なつ》目漱石《めそうせき》、森鷗外《もりおうがい》、田山花袋《たやまかたい》、泉鏡花《いずみきょうか》などを読んだ。ロシア文学も楽しんだ。

短編小説集『喪失』には、不遇な生活に生きる女性の姿があり、孤独で劣等感に沈む人間や、他者を犠牲にしてまで欲望に走るエリートも描かれる。現実の社会は名もない庶民が支え、歴史をつくるという視点がある。

権力を手にした者たちの犯罪を描くときも、その背後にある社会の闇を見逃さない。その闇を容赦《ようしゃ》もなく切りさく姿勢は、辛酸《しんさん》をなめて生きてきた、清張自身の精神体験と無縁ではないはずだ。

松本清張や池波正太郎などを事例にすると、それは特別な人たちではないかと反発されるかもしれない。「特別のひと」のレッテルを張り、自分と切りはなしてしまうと、思考は停止してしまうだろう。大事なのは、興味を持った作家の作品を読み、楽しみ、その考え方を学ぶことがより建設的かもしれない。

■自己肯定感を育てる読書

絵本を読んでもらったり、本や新聞を読んだりする時間を家庭でつくることは、何物にもまさる人間性を育む滋養剤《じようざい》になるといえる。通信教育や出版事業などを展開しているベネッセの『小学生の読書に関する実態調査・研究』（二〇一九年）では、一年間に幅広い種類の読書をした子どもほど、興味や知識のひろがり、考える力の向上、創造性の涵養などの高まりが見られる。子どもたちは読書を通じて、「わからないことを自分で調べるようになった」「いろいろな人の考えを知ることができた」「新しいアイディアが浮かぶようになった」と答えた。

読書の効用があらわれるのは、ベネッセの調査だけではない。記録されている国内外のあらゆる読書調査は、読書で学力が伸びるだけでなく、自己肯定感が育まれ、社会性や未来志向が高くなるという方向を指している。

わけても就学前から中学生までの読書量が、その後の人生に大きな影響を与えている。子どものころに「本を読んだこと」や「絵本を読んでもらったこと」など、読書体験の豊かな成人や、「好きな本」や「忘れられない本」がある人は、一か月に読む本の冊数や一日の読書時間が多い。

これは生涯にわたって学びつづける基礎的な力は、義務教育九年のあいだに養成されるということを裏づけている。中学校は、単なる小学校の延長ではなく、大人になるための準備をする学校であり、教科内容もがらりとかわる。古典文学や近代文学、漢詩やエッセイ、そのほかの文章の読み方も教わり、「算数」は「数学」となる。

いまでは、高校進学は当たり前のこととなったが、そうでなかったころは、中学校を卒業してすぐに社会に出て、働くことも別にめずらしいことではなかった。中学校までの学びは、社会人として生きる素養を身につけるだけの内容があったのだ。

九年間の義務教育で身につけた学力を活用して小説や専門書を読み、経験と技術を重ね、一流の料理人や旋盤工、自動車修理工やそのほかのさまざまな領域で、道をきわめた人もいるし、事業経営者として活躍する人もめずらしくない。

国語教師の大村はまは、中学校を大人になるための学校と位置づけていたが、中学校は高校進学に向かう通過点ではなく、義務教育の頂上、完成高地という中学教育の本来の意義を失っていなかったのだ。

現在はどうだろうか。中学卒業生の一〇〇%は高校に進学し、高校はいま、義務教育の延長のように扱われている。義務教育を完成させるという中学校の基本的な役割は薄れ、高校受験の通過駅になってしまった。このせいもあって、読み書きの基本を身につけないまま、社会に送りだされている。

わたし自身、小学校や中学校のころをかえりみて思うのは、義務教育の中心部分は国語ではなかったかということだ。「読み・書き・計算」の順序が象徴するように「読むこと」が先にあった。読む力こそが、あらゆる科目の授業で必要とされる知識だったように思う。

山登りのときには、人間の身体に備わった、四〇〇ともいわれる筋肉が動員される。僧帽筋《そうぼうきん》や腹筋《ふっきん》、大胸筋《だいきょうきん》、大腿四頭筋《だいたいしとうきん》、脊柱起立筋《せきちゅうきりつきん》やそのほかの筋肉も、バラバラに動いているように見えるが、お互いに情報を交換して連動し、総合力として、山を歩く者の生命と行動を支えているのである。

それと似て、国語の授業で言葉を覚え、言葉がすべての科目をつなぎ、言葉というザイルで、学校教育の全体が結びあっている。学校は、言葉で成りたった社会なのだ。国語は、すべての科目を理解する力、考える力を育て、そのせいであろうか、国語の成績の良い生徒は、算数・数学も好成績だったように記憶する。

「読み・書き・計算の教育観は古い」と一蹴《いっしゅう》した人の発言が新聞で紹介されていた。デジタル機器の操作能力を優先して学ばせないと、国際社会の流れから取りのこされてしまうという、理屈からのようだった。発言者は、民間企業から公立中学校校長に転職し、IT企業の人たちと一緒に、学校教育のデジタル化をすすめている人だった。自分は校長に就任できるほどの読み・書き・知識を持ちながら、「読み・書き・計算の教育観は古い」はないだろう。

それはちがうだろうと、そのとき、わたしは思ったことである。読む力・書く力の知識がなければ、デジタルとのつき合いもうまくいくはずはない。読書力は生きる力なのだ。世界に目を向けると、渇望しながら学校教育を受けられない子どもや女性がいる。

二〇一一年に岩波ホールで、『おじいさんと草原の小学校』という映画が上映された。二〇〇四年にアフリカのケニアで、八四歳で小学校に入学した退役軍人の実話を映画化したものだった。小学校で文字を学び、大統領からもらった手紙を、自分で読みたかったのである。自分の手で礼状も書きたかった。だからおじいさんは、どうしても読字を身につけたかったのだ「読み・書き・計算の教育観は古い」のではなく、未来につながる差しせまった現代的な課題なのである。

■『おやすみなさい　おつきさま』

人間の読む力は、天性のものではなく、後天的なものであり、家庭や学校で教えられなければ身につかない。それは幼児が膝に抱かれて、初めてお話を読んでもらうときから始まる。生後五年間に、お話を読んでもらった機会があったか、なかったかが、あとの読字能力を予測する最良の判断材料の一つになると、アメリカの発達心理学者メアリアン・ウルフは述べている。

ウルフが言うには、言語面で恵まれていない家庭の子どもたちと、言語の刺激を受ける機会が豊かな家庭の子どもたちが耳にする単語の数は延《の》べで、幼稚園に上がるまでに、早くも三二〇〇万語のひらきが生じると確認されている。成長過程でたくさんの言葉を耳にし、自分でも使用してその意味を理解し、分類し、幼い脳に刻んでいく。

これはどういうことなのか。幼児期に、絵本をたくさん読んでもらって大きくなった子どもと、そうでない子どもとのあいだには、幼稚園に上がるまでに、大人の想像以上に言葉の力に差が出るということだ。

アメリカの元大統領バラク・オバマは、二〇〇五年のアメリカ図書館協会での基調講演で、「子どもの最初の検診のついでに、図書館利用カードを作るか、人生の最初の一冊として、『おやすみなさい　おつきさま』をたずさえて帰るべきだ」という趣旨の提言をしている。『おやすみなさい　おつきさま』は、作家のマーガレット・ワイズ・ブラウンと、画家のクレメント・ハードの二人の合作で、初版が出たのは一九四七年である。

日本では一九七九年に、評論社の「児童図書館・絵本の部屋」の一冊として、せた・ていじ訳で出版された。アメリカや日本だけでなく、全世界の子どもたちに大事にされ、アメリカでは、幼い子どもの貴重な財産として、子どもが寝るまえに読み語りしてもらう絵本と同義語のように、扱われているそうである。

物語は、壁がみどりの大きな部屋で午後七時から始まり、一時間一〇分後の八時一〇分に、やはりみどりの部屋でおわる。窓の外は星空が見え、闇が遠くひろがる。みどりの部屋は暖炉《だんろ》のまきが燃えている。

小うさぎはベッドに入り、二匹の猫は絨毯《じゅうたん》の上でじゃれあい、うさぎのおばあさんは編み物の手を休めて、小さい声で「しずかにおし」と言っている。三匹のくまが椅子に腰かけた絵と、めうしがおつきさまを跳びこす絵、人形の家、くしとブラシ、時計が二個、おかゆが一椀、てぶくろがひと組、ふうせんが一つ。絵そのものが物語をリードしていく。

七時二〇分には、窓に月がのぼりはじめ、八時三分にその全貌を見せるころ、部屋は暗くなった。星と月の動きにあわせて部屋の陰翳《いんえい》も変化し、子どもの生活が宇宙の一部であることを教えている。あらゆるページの文章は、多くても一八文字。言葉の情報が少ない分、子どもは想像力をふくらませることになる。

すべてのページのどこかに必ずいるネズミは、子どもの生活圏には、日ごろは目には見えないけれど、小さな生き物がいることを伝え、想像力をわきたたせる情報源である。時計の針も、子どもの生活規範の大切さを教えてくれる。

みんな寝静まったあと、暗くなった部屋の窓から星空を眺めるネズミのうしろ姿は、実に印象的である。ネズミはどんな想いで、遠い星空と向きあっているのだろう。小さな動物の存在や宇宙とのつながりを考えさせる情報が、この絵本にはつめこまれており、二つの窓は、子どもの内面と外界とをつなぐ架け橋である。ここまで書いたとき、緑の部屋は寝静まっていた。おやすみなさい、おつきさま。

幼いころ、夜、玄関を開けると、家のなかの光が暗い庭にさっと延び、一瞬のうちに生垣《いけがき》を照らしたとき、驚きと恐さのあまり、わたしは泣きだしてしまったことがあった。『おやすみなさい　おつきさま』を初めて読んだとき、わたしは六二歳であったが、思いだしたのはそのことだった。

絵本は、子どもが初めてふれる活字文化である。選びぬかれた絵本の言葉は、思考の土台となるものであり、芸術性の高い絵は、情緒や感性を刺激し、想像力をふくらませる機会を提供する。これほどのすぐれた教材は、ほかに見あたらない。絵本で言葉の基本を身につけ、成長段階に応じてそれを発達させてくれるのは、いまも昔も本なのだ。絵本の絵は、それを味わい理解するための、絵画鑑賞の手引きともなる。

■学力も偏差値も、読書で伸びる

『おやすみなさい　おつきさま』のような絵本を、読み語りしてもらって幼稚園に入る子どもは、教育面で有利な立場に立つにちがいない。物語を読んでもらう体験を積み重ねた子どもたちは、想像力も類推的思考も芽生えていて、ウルフが言うように「言語発達もさかんになる」。幼稚園に入ってから、言葉の準備を始める子どもとの差が生まれるのは、当然のことだろう。

幼児期の言語発達を援助する手段として、昨今ほど、絵本の読み語りが必要とされる時代はなかったのかもしれない。かつて子育ての源泉は、地域の教育力にあった。地域の教育力の基礎は、年齢を超えた人と人の交流だった。

昭和三〇年代のころ、核家族化がすすむほんの少しまえ、小中学生であった世代は、近所の人たちとのふれあいや親類縁者との交流、異年齢の子どもたちとのつき合いは普通のことだった。こうした体験のつらなりのなかで社会規範を学び、いろいろな言葉を覚えていった。どこで教わったのか、わからないけれど、日ごろはあまりなじみのない言葉が、口をついて出てくることがあった。

わたし自身、小学校二年生のとき、「傍目《おかめ》八目《はちもく》で言わせてもらうばってんな」と言って、遊び友だちをびっくりさせたことがあった。傍目八目という熟語は、友だちのだれも知らなかった。わたしもだれかに教わった記憶はない。たぶん、近所の教師とわたしの兄とが、縁側で将棋をさしながら交わしていた言葉の影響だろう。

「内弁慶《うちべんけい》」という言葉も、小学校二年生のころ、母とその友だちの会話から聞き知った。異年齢の遊び仲間からは、母に叱られるような言葉も教えてもらった。大人との交流があり、原っぱや路地裏が子どもの遊び場だったころ、こんな具合でわたしたち子どもは、大人社会の新しい言葉と出会っていたのである。昔はよかったと言いたいのではなく、言語環境の変化に注意の目を向けたいということなのだ。

いま、隣人とのつながりが薄くなり、子どもたちは地域での遊び仲間を失っている。街から路地も広場も消え、子どもたちは遊びを通じて「言葉」を身につける機会をなくしてしまったのだ。絵本は、その「失われた機会」をおぎない、言葉の世界に幼い子どもを導いてくれる、大事な文化財である。

読み語りが、子どもの好奇心を引きだし、情緒や情感を育てることは、多くの人が実感していることだ。ここでは、もう一歩すすんで、読み語りが子どもと親にもたらす好影響について、情緒ではなく、科学的な事実として紹介しておこうと思う。

わたしが好んで引き合いに出す、東北大学加齢医学研究所教授の川島隆太さんは、脳と読書、脳と読み語りの関係について研究を積み重ねている。最新の脳科学研究で出た結論は、著作物の題名ともなっている『「本の読み方」で学力は決まる』（青春出版社）ということだった。

この本は、仙台市教育委員会と山形県長井市との共同プロジェクト、それと川島研究室で行ってきた脳科学研究データの成果をまとめたもので、すべて統計的な根拠を持っている。

川島研究室は、仙台市内の公立小学校、中学校に通う全児童、生徒を対象として、二〇一〇年度から毎年約七万人のデータを収集してきている。数万人規模の調査から導きだされる結果は誤差が小さく、統計的には非常に信頼性が高いと評価されている。

川島研究チームの結論は、「読み聞かせをすると、子どもたちの脳は単に声を聞く反応を示すだけではなくて、感情や情動の脳が働く。読み聞かせをしている大人は、単に本を読む反応を示すだけではなくて、コミュニケーションの脳が働く。読み聞かせは親子のきわめて良質なコミュニケーションとなり、子どもたちの心が安定し、親への信頼と愛着が増し、その結果、親の子育てストレスがぐっと軽くなる」というものだ。

読み語りの積み重ねで、読書習慣を持つことができた子どもは、学童期以降、学習の努力がきちんと試験の成績に反映されるようになる。川島研究室の脳科学研究チームのデータによると、読書をまったくしない子どもたちの成績がもっとも低く、読書時間がながくなるほど成績が高くなっている。

偏差値は、真ん中の成績が五〇になるように定義されていて、偏差値五〇以上が「成績上位層」、五〇以下が「成績下位層」と、とらえられている。この観点からすると、読書を「まったくしない」子どもたちと、読書時間「一〇分未満」の子どもたちは、成績下位層のなかにある。

川島研究室の調査データは、成績上位層に行くためには、少なくとも一日一〇分以上の読書が必要だということを示している。衝撃的なのはどんなに勉強しても、読書習慣がないと平均以下の成績から抜けだせないということだ。中学生の場合、勉強時間が二時間未満であれば、読書をたくさんする子どもほど成績がいい。

算数、数学の成績を、計算問題などを中心とした「基礎問題」と文章題など記述式問題を含む「応用問題」に分けて、読書との関係を調べてみた。その結果、基礎・応用ともに、山型のグラフで見ると、読書「三〇分間〜一時間」の子どもたちの成績がもっとも山頂にあった。国語の成績ばかりでなく、読解力が必要な算数、数学の応用問題の成績アップにも、やはり読書が有効であることがわかったのだ。

わたしは、これまで読書は成績を向上させるために読むものではなく、あくまで個人の趣味として楽しむものと考えてきた。いまもその考えに変わりはないが、川島研究チームによる科学的なデータは、読書が、すべての科目の学力の向上に多大な効果をもたらすことを証明している。読書は学力向上の鍵を握っているのだ。

■新聞の信頼性とその力

新聞もまた、学力の伸びに貢献している。「全国学力・学習状況調査」（二〇二一年）は、新聞をよく読む児童・生徒の正答率が、そうでない児童・生徒よりも、高い傾向にあることを示した。日本新聞協会の調査結果も、新聞を教材として行う学習活動が、学ぶ力を育てているということを明瞭に裏づけている。

新聞を毎日読む小学生は国語、算数ともに、まったく読まない子どもにくらべて、正答率がほぼ一〇ポイントも高い。中学生もほぼ類似した数値があらわれている。なぜ、新聞を読むと学力が向上するのだろうか。

短い文章をいくつも読むことで、文章の読み方・文章の書き方を身につけ、無意識のうちに読解力を磨いていると考えられる。子どもたちは短い文章から、一つのできごと（事件）を、どのような言葉で表現するのか、その方法を学ぶことができるのだ。

スマホの画面で流れさるニュースとちがって、新聞は一覧性だから、ひろげると多くのニュースが目に飛びこみ、興味のある記事が選べる。ながい記事でも最初の数行（リード）に記事の全体が要約されているので、忙しいときは、その部分だけでも読めば、世界の動きがつかめる仕様になっているのだ。

新聞記事は、センテンス（文）が短くてわかりやすい。表現力や文章の書き方を学ぶのに適した教材である。社会の出来事、いま生じつつある状況を簡潔に伝えるのも新聞の特徴だ。

いつ、どこで、だれが、どうして、どうなったかという、文章の基本にのっとって正確に記述され、どんなに短い記事でも複数の人が目を通して事実関係を検証し、字句の誤りを校正する。新聞情報の社会的な信頼性は、紙面になるまでに、多くの人たちが工程にかかわり、ていねいに仕上げていくところにあるといっていい。

新聞を教材として活用する活動（ＮＩＥ）が、アメリカで始まったのは一九三〇年代のことだった。それから約五〇年後の一九八五年に、日本の学校でも取りくまれるようになった。その実績が語りかけてきたのは、新聞を読むことで子どもの語彙力が驚くほど豊かになり、それが読解力をうながしているようである。

新聞を使った教育は、子どもが自分と社会とのつながりを認識するきっかけとなる。好奇心を引きだす効用も見られる。ＮＩＥでは、複数の新聞記事や社説を読みくらべ、おなじ事件でも記事の書きぶりの違いや、おなじテーマでも、新聞社によって論点や視点に違いがあることを読み解く授業が行われている。こうした深読みの学習は、読解力の向上に欠かせないものである。

新聞はいかなるメディアよりも、正確な情報を提供する知的な印刷媒体である。ながいあいだ、学校では教材ではなく、消耗品として扱われてきたが、それは新聞の知的役割と、子どもの成長に好影響を与えるメディアであることを認識できなかった、教育行政や学習指導要領の作成過程に参画する、専門家たちの怠慢であったといえるだろう。

二〇〇七年に設立された「公益財団法人文字・活字文化推進機構」は、基本的な事業の柱に、全国の公立小・中・高に学習教材として複数紙を配備するため、「新聞閲読五か年計画」(仮称)を策定し、それに必要な予算措置を求める方針をかかげた。

この方針を具体化するには、「第四次学校図書館図書整備等五か年計画」(二〇一二年度〜二〇一六年度)の策定の際、図書整備とともに、新聞配備を盛りこむことが手がかりとなると考えた。同五か年計画の予算は交付税措置でまかなわれており、その権限は総務省にある。

文字・活字文化推進機構は、当時の川端達夫総務大臣との面談を重ね、ていねいに「新聞を活用した学校教育は、すでにＮＩＥの実績もあり、教育効果をあげている。この活動を政府の政策支援で応援してもらいたい」と説明した。

新聞配備予算の交付を求めたのは、家庭宅配が減少し、新聞を見たこともない子どもがふえているという事情があった。スマホやタブレット端末の普及は、家庭から固定電話を追放し、次に新聞宅配という日本社会の伝統文化に影響を与え、子どもの情報環境は大きく変わっていたのだ。

子どもたちに新聞の存在を理解させるには、なにが必要か。答えは実に簡単だった。子どもたちの学びの場に、新聞を教材として配備することだ。学校図書館図書の購入は、予算化されており、新聞も学習用教材として政策で支援することは、子どもの人間的な成長の観点からも、健全な民主主義の発展という視点から不可欠だった。

政府の財政措置で学校に新聞を配備することには、新聞社の一部に抵抗があったようである。言論や出版の自由に、傷がつく結果にならないかと憂慮したのであろう。こうした憂慮は、かつての言論統制の歴史を振りかえるとき、当然にも生じるものであった。

しかし、肥田理事長とわたしは、民主主義国家の体裁をとる日本政府が、学校図書館への新聞配備と引きかえに、憲法にかかわる言論・出版への抑圧的な態度に出ることはないと考えた。新聞界もそうした圧力に屈するほど、虚弱な存在ではないと信じることができた。

国会議員のあいだには、「新聞社がサービス提供できないものか」という意見もあったので、わたしたちは、政府の予算措置に大きな意義があることを、与野党の関係議員との面談で訴えた。やがて日本新聞協会も予算措置を求め、連携関係にある国会議員たちに働きかけ、議員たちの力をまとめる努力を続けた。

川端大臣と肥田さんとのあいだの、いくたびかの面談ののち、大臣は「学校図書館の充実は、子どもの未来への投資である。学校に新聞を置いていない現状を変えましょう」と決意され、「第四次学校図書館図書整備等五か年計画」に、小中学校図書館への新聞配備予算が盛りこまれた。この予算措置によって新聞は、事実上、消耗品から教材へと進化したといっていい。ずっとあとになって、川端大臣が「大臣就任中、いちばんいい仕事をしたな」と語られたことを知った。

その後、二〇一七年を初年度とする第五次計画では、高等学校への新聞配備が予算化された。これによって、二〇〇七年に文字・活字文化推進機構がかかげた小中高への新聞配備方針は、一〇年後に実現され、かたちを整えたのだった。

ここは、まだ始まりにすぎない。二〇二二年度を初年度とする「第六次学校図書館図書整備等五か年計画」では、小学校二紙、中学校三紙、高等学校五紙が配備できる地方財政措置がとられている。

この地方財政措置は、使用目的がはっきりと定められたものではなく、一般財源として自治体に交付される。それゆえ学校設置者の自治体において、交付された国からの財政を図書の新規購入費、古い図書の更新費、新聞購入費、学校司書配置費として予算化しないと、子どもたちの未来への投資とならない。息のながい戦いが必要なのだ。

■読書の習慣を育てる家庭の本棚

全国学力・学習状況調査では、小学生も中学生も家庭の蔵書数が多いほど、平均正答率が高い傾向にあることがわかった。手を伸ばせばそこに本があるという、読書環境の大切さを裏づけるものだ。

蔵書が〇～一〇冊の家庭の小学生の場合、国語の正答率は五三・三%、算数は五八・七%だった。五〇一冊以上は国語七一・二%、算数七六・九%である。蔵書が〇～一〇冊の家庭の中学生の場合、国語の正答率は五五・八%、数学は四七・八%だった。五〇一冊以上は国語七〇・四%、数学六三・三%である。国語で約一五ポイント、数学で約一六ポイントの差がある。

調査は一一冊～二五冊、二六冊～一〇〇冊、一〇一冊～二〇〇冊、二〇一冊～五〇〇冊の書籍がある家庭も調べているが、蔵書数がふえるほど正答率が高くなっている。家庭にたくさんの本があることと、子どもの読書とは深い関係があるのだ。しかもそれが成績とじかにつながっているのである。家庭に本を読める条件を整えたり、親子の対話をふかめたりすることが、子どもを読書に向かわせる、初歩的な手段として効果を上げている。

こういうふうに書くと、蔵書が多いのは、経済的にめぐまれた家庭だからではないかと指摘されるかもしれない。その指摘は、たしかに的を射た面がある。二〇一八年七月に公表された文部科学省の調査では、親の年収が多く、しかも高学歴なほど、国語、算数・数学の平均正答率が高くなっているからだ。家計にゆとりがあれば、塾や家庭教師に費用をかけることができるからである。

しかし、わたしが注目するのは、親の学歴や年収が低くても、規則正しい家庭生活をしている子どもの成績は良いということである。そうした家庭の特徴は、「決まった時刻に起きるようにしている」「毎日、朝食を食べさせている」「本や新聞を読むようにすすめている」「小さいころ、絵本の読み聞かせをした」「計画的に勉強するようにうながしている」などにある。

幼児期に絵本を読んであげ、学齢期になると新聞や本を読むようにすすめる。親の年収が少ない家庭であっても、子どもは親の愛情に包まれ、落ちついた気持ちで暮らせる環境に置かれると、本に手を伸ばす。親子のコミュニケーションの深さも想像できる。子どもが読書習慣を身につけるには。やはり家庭の取り組みは大きいと言わねばならない。

発達心理学や脳科学の領域の研究では、子どもの言語機能の発達のピークは、六歳から一二歳までという説が定着している。読書を通じて得られる言語機能の成長は、中学生よりも小学生のほうが大きいと言われるのは、そのためであろう。

なぜ、言語―言葉が大事なのか。先述したように、言葉は、人間の思考力の土台であり、成長に不可欠な糧《かて》である。人はほかの動物とちがって、いろいろな言葉を食べながら生きていく。国語はその国の背骨であるように、人間の一人ひとりの人生も言葉を背骨とする。

小学生のとき、わたしたちは基礎的な日本語の「読み・書き」を教えてもらった。それは、国語の基礎的な知識を身につけ、そうして関心の領域をひろげ、無限の言葉の世界に歩をすすめるのに必要だったからだ。

就学前は家庭が大きな役割を担う。絵本の読み語りは、幼い子どもが言葉の世界に踏みこむ最初の扉である。「この子にはむずかしいのではないか」と、逡巡《しゅんじゅん》する親も多いように見受けるけれど、心配することはなにもない。子どもは感じとる力があるのだ。

■「かつて出かける子供がいた」

読み語りや読書だけが子育ての条件かというと、もちろんそうではない。自然体験も必要だし、遊びも欠かせない。社会や人や自然との多面的な接触の積み重ねが、成長の基盤となる。わけても遊びは、古今東西、人類の誕生から今日まで、子どもの発達を支えてきた。子どもは遊びの天才、あるいは哲学者といってもいい。砂場も広場も路地裏も、創造的な遊び場に変えてしまう才能がある。

一五〇〇年代にネーデルラント（現在のオランダ・ベルギー地方）で、美しい自然や農民、子どもの姿を描いた、わたしの好きな画家ピーテル・ブリューゲルは、子どもの遊びを網羅した作品「子供の遊び」を描いた。

「子供の遊び」は、道路と広場を埋めつくし、無心に遊ぶ子どもたちの姿を生き生きと描き、子どもたちの歓声が聞こえてきそうな現実感がある。描かれた遊びの数は輪回し、竹馬のり、逆上がり、人形あそび、お手玉、花嫁ごっこ、浮き輪など九〇余にのぼる。遊びは学びの場でもある。社会のルールを学び、言葉を覚えていく。

絵画ばかりではない。子どものみずみずしい吸収能力を、抒情詩で表現したのは、アメリカの代表的な詩人ウォルト・ホイットマンだった。かれの詩「かつて出かける子供がいた」は、幼い子どもが自然の匂いやざわめき、父と母の生活のようすをしっかりと観察し、そのことごとくを、自らの成長の糧としていく内容となっている。

家のなかで静かに夕餉《ゆうげ》の食卓に皿を並べる母親、
頭巾《ずきん》と部屋着は清潔で、言葉づかいも穏やかで、
そばを通るとからだと衣類からすこやかな香りがこぼれる母親、
力持ちでうぬぼれ屋、男っぽくて下品で怒りんぼうで無法な父親、
（中略）
地平線の果て、飛んでいるカモメ、塩性の沼地と渚《なぎさ》の泥の快い香り、
これらのものが、かつて毎日出かけて行き、今までも出かけ、

今後も毎日出かけるはずのあの子供の一部になった。

『草の葉』(中)(酒本雅之訳・岩波書店・一九九八年)

ホイットマンは、この詩のなかで、子どもが初めて目にするものの一つひとつを、自分の世界に取りこみ、成長していく過程を表現した。その日の時間、めぐりくる歳月、早咲きのライラック、アサガオ、クローバー、ヒタキの歌、すべてが少年の成長の部分となった。

夕餉の食卓の皿を並べる母親の言葉づかいはやさしく、下品で怒りっぽく無法な父親は、でも力持ちである。生活習慣、人とのつき合い、駆け引き、言葉、あらゆるものがつながり、結びあわされ、互いに連絡のある物語として子どもの心に刻まれ、そうして子どもの精神が整えられていく。

ホイットマンは、子どもの人間や自然に対する深い理解は、こうした日常の生活体験の積み重なりを通してつちかわれるものであること、だからこそ、幼い子どもを幸福な時間と穏やかな環境に置くことが大事だ、ということをうたいあげたのだった。

■風をつかまえた子ども

子どもの生命力のあふれるシーンを書いた文章を残したのは、ドイツの小説家ハンス・カロッサである。カロッサはドイツ・バイエルン州に生まれ、ミュンヘン大学などで医学を修め、一九一四年に第一次世界大戦がはじまると、志願して軍医となり、各地を転戦する。

その従軍中に書かれた日記体の作品が『ルーマニア日記』である。ある日、ヴァリー夫人から戦地に届いた手紙を読む。夫人は子どものことしか書いていない。自然に溶けこみ、興奮しながら風を追いかける子どもの行動を、静かに見守る母親の深い慈《いつく》しみが伝わってくる。

丁度三度めにヴァリーの手紙を讀《よ》んだところだ。ほとんど小さいヴィルヘルムのことしか書いてない。(中略)最近、激しいあらしの最中、少年は庭の中を低木から低木へと驅《か》けまわり、風が一ばん強くかき亂《みだ》しているブナの生け垣の中に手を突っこみ、手をしっかと握りしめ、母親のところに走って行き、用心ぶかくこぶしをひらきながら「さあ、ぼく、風をつかまえたよ」と、息もつけぬほど有頂天になって叫んだ。そして二三枚の葉っぱと莖《くき》しか手の中になかったので、少年は大いに驚いた。

『ルーマニア日記』(高橋健二訳・岩波書店・一九五三年)

少年は風をとらえようと、庭を走りまわり、はげしく揺れうごく生垣のところに風があると見て、両手でやわらかく包みこむ。そうして母親のところに駆けより、得意顔で「風をつかまえた」と、両手をひろげてみせる。モミジのような小さい手のひらにあったのは、二、三枚の葉っぱと茎だった。少年が〝手づかみにした風〟は、五感を刺激し、少年を歓喜させたにちがいない。五感力は生まれつき備わったもので、幼い子の心の成長に欠かせない要素である。

〝出かける子ども〟も、〝風をつかまえた子ども〟も、見たもの、聞いたもの、ふれたもののすべてを、生きる力の部分としていく。大人がその行く手をさえぎらずに、遠くから見守ってくれているかぎり、子どもは自分を取りまく自然の匂いや感触を生き生きと楽しむことができる。二人の子どもはそれを伝えている。

しかし人間の社会は高度で複雑な仕組みであり、そこにあるものを、五感で受動的に受け入れるだけでは、生きる力とならない。本を読み、言葉を摂取し、知識を蓄え、社会規範や考え方を教えてもらわなければならないのだ。アメリカの発達心理学者メアリアン・ウルフの興味あるインタビュー記事が、読売新聞に掲載されていた。

ヒトが文字を読み、書くことは当然だと私たちは考えがちです。違います。読み書きはヒトの天性ではありません。発明です。（中略）見る・聞く・話す・嗅ぐといった行為は遺伝子でプログラム化されています。それぞれの行為に対応する神経回路が脳に備わっている。（中略）読み書きは遺伝子に組み込まれていません。では、どうやって身につけるのか。大人が忍耐強く文字を教える必要があります。

（二〇二〇年七月一二日付・読売新聞）

ウルフはくり返し、「子どもは読むことで育つ」と主張している。読むことで育つには子どもと本を仲立ちする人間が必要だ。そうした人がいないと、本は永遠に子どものもとに届かない。

ある保育所で目にしたシーンは、四〇年後のいまも、鮮明に記憶に刻まれている。三歳児を膝にのせた保育士さんは、棚から一冊の絵本を取りだすと、カバーや表紙、見返しのデザインや、帯の絵や文字を、子どもとゆっくり楽しんでいた。

しばらくすると子どもは、ページをめくろうとする。それを待っていたのか、保育士さんは、子どもと一緒にページをめくり、静かに物語を読みはじめた。あとで保育士さんは「子どもの想像力をゆるやかにひろげるには、読むのを少し遅らせて、じらしたほうが子どもの好奇心を引きだすように思う」と言った。

第九章

壁の文化を壊すバリアフリー

■ 町の風景に障害者はなじまない？

「壁の文化」とは、ある人物とか、ある事柄とかを、異質なものとして否定し、自分とのあいだに、意識的あるいは無意識のうちに、壁をつくってしまった状態のことである、とわたしは定義している。いろいろな違いや多様性があることが、正常な社会だということを認めない非寛容な社会が、隔離政策を生みだしてきた。バリアフリーを求める障害者の戦いは、この「壁の文化」を破壊し、多様性を認め、ともに生きる社会を手に入れようという歴史でもあった。

日本の社会福祉や学校教育は、障害者をその障害の程度や種類ごとに分けて、いくつもの箱＝施設に隔離してしまう道筋をたどってきた。学校を例にとると、就学前にあの子は普通学校、この子は養護学校、あるいは盲学校、聾学校といったぐあいに、行政によって選別されてしまう。障害のある子どもが、自分のうちの近くの学校を希望しても、「あなたの来るところではない」と拒絶され、地域の普通小学校には入学できない現実が続いてきた。

地域の学校は、障害のある子どもがいないことを前提として、運営されてきたのだ。障害者は、世間の目に見えないところで生きてきたから、障害者が沈黙を破って街路に現われると、世間は驚いた。脳性小児まひの友人とわたしは、一九七九年の秋、東京・渋谷の道玄坂を歩いていた。すれちがったとき、若い母親が手を引いていた子どもに、「悪いことをしたら、ああなるのよ」と、ささやきながら遠ざかっていった。友人は手足が不自由なうえ、頬の筋肉にもときどき痙攣《けいれん》が起こり、言語障害もある。「もう慣れているからね」と、友人は言った。

一九六〇年代後半に爆発した学生運動やベトナム反戦運動の熱気が鎮《しず》まる季節がやってきたころ、障害者運動が社会の耳目《じもく》を集めるようになった。神奈川県川崎市で障害者グループが起こした「移動の自由」を得ようという行動は、世の中の耳目を集めた。

このころ、車いすの人がバスに乗ろうとすると、介護者が必要であるとか、車いすは折りたためとか、いろいろな条件が出され、事実上の乗車拒否が行われていた。新幹線を利用する場合も、数日前に、最寄りの駅長に知らせることが求められ、東京駅では、車いすは普通のコンコースではなく、暗い地下道を歩かされることもあった。

車いすで生きる国民は、バスや電車に乗らないことを前提に、駅舎も車両も設計されていたのである。朝夕のラッシュ時の混雑に耐えうる強靭《きょうじん》な体力や、無防備なホームを悠然と歩ける者だけが「乗客」の資格を持っていた。

車いすは、障害者の足であり、身体《からだ》の一部なのだが、それを折りたたみ、つまり足をはずして乗れというのは、メガネをとって乗れと言われるのとおなじことで、人間の尊厳をいちじるしく傷つける言葉だった。いまならパワーハラスメントを象徴する暴言として批判されるだろう。

車いすを身体の一部とする障害者を乗客として認めたがらない理由は、一般乗客の迷惑になる、災害時に避難のさまたげになる、というものだった。駅の自動券売機も改札口も働きざかりの人を基準につくられているから、車いすの人には実に使いにくい。

視覚障害者は、駅のホームや街路に点字ブロックの設置を求めたが、企業も行政も、女性のハイヒールが引っかかるので危ないと、首を縦に振らなかった。若いころ、車いすの脳性まひの友人と、わたしはよく町を歩き、旅もした。そのつど、道路の段差や階段、エスカレーターは、車いすやバギーの利用者には、非常に過酷な設備であることを実感した。あの町もこの道も、そこのビルも、障害者には近寄りがたい建築物だった。

旅先の京都の街で車いすを押すわたしに、脳性小児まひ者の俳人、花田春兆《はなだしゅんちょう》さんは「武装された都市《まち》だね。バギーや松葉杖の利用者も、この障壁の厚さに恐さを感じているよ。〝花田はこの世にいない〟というメッセージでもあるわけよ」と言った。

一九七九年に導入された養護学校義務化は、有無を言わせずに、健常児と障害児を分離してしまう教育制度となった。全国各地で障害児を地域の普通学校へという運動が起こり、分離教育になんの疑問も持ってこなかった人びとへの警鐘ともなった。

それからおよそ四〇余年が過ぎた二〇二〇年代のいま、国際的にはさまざまな法律や条約が制定され、日本国内でも差別をなくすための法的整備がすすみつつある。街路やホームには点字ブロックやスロープが設置され、地下鉄のエレベーターやホームの防護柵も増え、駅の職員が車いすの障害者を案内する光景も、よく見かけるようになった。

それでも、視覚障害者の駅のホームからの転落事故はあとを絶たない。日本の社会が物理的にも精神的にも、「壁の文化」から解放され、バリアフリーが成熟するには、さらなる努力と歳月を必要としている。

■読書文化に取りのこされて

自治体の段差解消やスロープ、誰もが使えるトイレの設置など、新たな街づくり政策に取り組みはじめたのは、障害者が街に出るようになって、障害者がどんなことを必要としているのかを学んだからである。こうしたハード面の改善のテンポにくらべて、ソフト面の改革は圧倒的に遅れた。わけても手つかずの状態に置かれてきたのが、読書文化の領域だった。

わが国の読書の歴史は、平安時代にさかのぼるそうだ。『更級日記《さらしなにっき》』の作者、菅原孝標女《すがわらたかすえのむすめ》は源氏物語に憧れる日々をつづり、貴族の子女たちの読書熱を伝えている。

読書が庶民のあいだにひろがるのは、江戸時代に入ってからだ。出版活動も大阪、京都、江戸でさかんになった。藩校や寺小屋の教育も読書が中心であり、江戸時代にはすでに、日本の識字率は世界のトップクラスで、この識字率の高さが、明治維新後の西欧文明を受け入れる基盤となったといわれている。

しかし、こうした読書史のなかに、障害者の姿を見かけることはない。江戸時代にさかんだった読書会や寺子屋にも、障害児・障害者が参加している気配はない。浅学なわたしが読みおとした文献はあまたあって、軽々しく言えることではないけれど、日本の読書史は、障害者と距離を置いたところで紡がれてきたように思う。

一九四五年にアジア太平洋戦争が終わると、日本の言論・出版界は勢いよくよみがえり、それまでの抑圧された鬱憤《うっぷん》をはらすように、あらゆる内容の書籍が出版された。欧米諸国の文学作品をはじめ、さまざまな分野の専門書も翻訳され、日本人の学びの欲求に応えた。

心身に障害のある人たちは、自主的に文芸サークルをつくって知的欲求を満たした。俳人山頭火《さんとうか》の作品をボランティアに読みあげてもらい、独学で俳句を学ぶ人もいた。視覚障害者が本を読みたいと思っても、読める本は本屋に売っていないし、図書館の書架にもない。目の見えない人は、凹凸《おうとつ》のない平面の活字は読めないのだ。手が不自由な人は、本のページがめくれない。書物はそこにあってもないにひとしく、読書バリアー（障壁）に阻まれた非情性があった。

国立国会図書館には、納本制度に基づいて、日本国内で出版された、ほぼすべての本が納入され、その数は一千万タイトル以上にのぼる。しかし、日本国内に蓄積された障害のある人たちに利用可能な点字図書は約二二万タイトル、音訳は約一二万タイトル、そのほかは一万タイトル未満という状況にある。障害者が読むことのできる書物は非常に少ない。これが二〇二〇年代初頭の現実である。

■だれもが活躍できる場所は必ずある

最近、聾者《ろうしゃ》の文章を読み、あらためて「壁の文化」について考えこんでしまった。一ツ橋文芸教育振興会の全国高校生読書体験記コンクール（二〇二一年度）に応募した、筑波大学附属聴覚特別支援学校三年生の奥田《おくだ》桂世《けいよ》さんの「聾者は障害者か？」という題名の作品である。

奥田さんは先天性の聾で、両親も祖父母も聾者という家庭で育った。学校も幼児期からずっと聾学校に通っていた。幼少期は健聴者《けんちょうしゃ》を「普通ではない」と思っていたが、近隣の健聴者と交流するようになって、自分のほうが普通ではないのだと気づく。

奥田さんは、やがて「聾文化」という言葉と出会う。「『聾文化』とは、聴覚という感覚を持たないことで発生した手話という言語や、視覚と触覚を重視した生活から生まれた文化である」と言う。

さりげなく、気負いも感じさせない調子で、奥田さんはつづっている。「私の場合は、日本語とは異なる独特の語順や文法が存在する『日本手話』という全く別の言語を、第一言語として身につけた」

と書き、「日本語を習得するためには、手話等が使える健聴者に教えてもらったり交流したりしなければいけない」と続ける。

この寛容な思考は、「異なった文化を持っていても、異質であっても、何であっても、この世界に生きていることをお互いに受け入れる、尊重し合う姿勢が必要だ」という奥田さんの根源的な欲求が育てたものと思う。「医学モデル」から「社会モデル」への障害者観の転換を提唱した国連の「障害者の権利に関する条約」と、軌《き》を一《いつ》にした考え方と言えるだろう。

「医学モデル」は、それぞれの障害を軽減するために、治療設備の整った、あるいはリハビリ機能を備えた特別の施設に入所させて、治療をおこなうというものである。目が見えない、手足が不自由であるといった、個人の身体的な機能の障害にすべての原因を求め、それを治療して〝健常者〟にもどすというのだ。医学者や教育学者は好んでこの考え方を選び、隔離政策を正当化してきた。

もう一つの「社会モデル」は、人間の心身の障害を医学的な疾患としてのみ考えるのではなく、障害者の「障害」は、社会的につくられるものだという考え方である。この考え方は、北欧では一九七〇年代のノーマライゼーション（社会の正常化）の運動として実践されていた。

障害のある者とない者とが、ひとしく生きる社会が正常であるというのだ。スウェーデンでは、一九七〇年代の初頭、障害者を隔離していた大規模施設を解体し、障害者の暮らしの場を地域に移す政策が展開された。

スウェーデン社会民主労働者党の社会保障政策担当者、ゴーラン・ブウセさんは、ストックホルムの中世の建物群が建ちならぶ、ガムラスタン地区の一角にあるカフェテラスで、ノーマライゼーションの社会的背景について尋ねるわたしに、次のように答えた。

「社会は皮膚の色も、髪の色も、性格も身体能力もちがう人たちで構成されています。老若男女、背の高い人、低い人、メガネをかけた人、かけない人もいる。ちがう人たちで構成され、それがごく自然の社会の姿です。違いがあるからと、分けへだてしたり、排除したり、隔離したりするのは正常な社会ではない。障害者の隔離政策は、社会の多様性を否定し、個の尊厳をおろそかにする歴史だったと思う。そのことに気がついたとき、ノーマライゼーションの歩みが始まりました」。

夕暮れの迫るカフェテラスで彼は、「ノーマライゼーションの根本は、障害者を社会福祉サービスの対象として固定するのではなく、だれもが活躍できる場所はきっとある、という信念を持って、障害者を生きづらくしている、社会の障壁を取りのぞくことだ。障害者を孤立させてはならない。それが社会民主主義の果たすべき役割だと思う」と話を結んだ。ブウセさんにインタビューしたのは、一九八〇年の秋の終りだった。

■読書バリアフリー法の制定に向かって

読書バリアフリー法の正しい名称は、「視覚障害者等の読書環境の整備の推進に関する法律」という、二〇一九年六月二一日、議員立法で成立した。この法律は、視覚障害者の読書環境の整備を総合的かつ計画的に推進し、すべての国民がひとしく、読書を通じて文字・活字文化の恵沢《けいたく》を享受できる社会の実現を目的としている。

法律名から推して、視覚障害者のみを対象にした法律ではないかと思われるかもしれない。そうではないのだ。注目してもらいたい点は、視覚障害者等の〝等〟である。

この〝等〟は、視覚や肢体の不自由な人だけでなく、耳の不自由な人、読み書きの困難な人、発達障害のある人、左右の目の焦点があわせられない人、まぶたが下がってきてしまうなどの眼球使用困難症の人、ディスレクシア（読字障害）の人、寝たきりの人など、書籍、雑誌、新聞やそのほかの刊行物について、視覚による表現の認識が困難なあらゆる人たちを包みこむ表現なのだ。日本国内の読書困難な人の総数は、数百万人にのぼると推定され、この膨大な人たちの声なき声が読書バリアフリー法の制定をうながしたのだった。

国際社会の後押しも大きかった。二〇〇六年には国連で、障害者が自立して生活し、生活のあらゆる側面に完全に参加する、それを可能にすることを目的とした「障害者の権利に関する条約」が採択された。二〇一三年には、盲人、視覚障害者、そのほかの印刷物の判読に障害がある者が、発行された著作物を利用する機会を促進するための「マラケシュ条約」が採択される。

一九九三年から実施している「学校図書館図書整備五か年計画」は、学校図書館の充実に欠かせない政策として、二〇二三年現在も、「第六次学校図書館図書整備等五か年計画」として継続されている。かえりみると、普通小中学校の児童・生徒に重きを置き、特別支援学校の子どもたちへの気配りが希薄で、障害児たちの声なき声に耳をすますことを怠ってきた感がある。

読書バリアフリー法第七条は、文部科学大臣と厚生労働大臣に、読書環境の整備に関する基本計画を策定するときは、あらかじめ視覚障害者や関係者の意見を聞くことを義務づけ、自治体にも努力義務を課している。法の条文にあえて〝意見聴取〟の義務を書きくわえたことは、障害者を排除してきた歴史への反省として受けとめたい。子どもの読書活動推進法や文字・活字文化振興法には、このたぐいの条文はない。

障害者が学校図書館や家庭だけでなく、電車や飛行機、船での移動の最中でも、読書道具や介助者の支援のもとで、本を読める環境の整備が課題となる。江戸時代、大名は街道を行く籠《かご》にゆられながら、小型の本を読んでいたそうである。

明治に入り、鉄道ができると車中読書がさかんになった。それを象徴するのが、夏目漱石の『三四郎』だ。三四郎は、熊本から東京・新橋に向かう東海道線の三等車の席で、イギリスの哲学者フランシス・ベーコンの論文集の二、三ページをうやうやしく開いて、万遍《まんべん》なくページ全体を見まわす。

わたしが『三四郎』を初めて読んだのは、中学生のときだったが、このシーンは深く印象に残った。東海道だけでなく、北海道や金沢、山形や新潟の各方面に向かう新幹線の車中で、ＬＬブックを読み、読書支援機器の補助を得て、専門書や参考書のページをめくる障害者のリアルな姿が記述された「二一世紀の読書史」を想像してみる。

読書バリアフリー法は、障害者を読書の世界に導く扉である。ここに至るまでには、視覚障害者の二〇年余にわたる戦いの歴史があった。拡大教科書の無償化や著作権法の改正という、難問の解決のプロセスを通じて、読書バリアフリーへの道は切りひらかれたのである。

当時、衆議院議員だった肥田美代子さんは、二〇〇二年三月、弱視者問題研究会（現在：日本弱視者ネットワーク）代表だった宇野和博《うのかずひろ》さんを、衆議院第二議員会館の事務所に迎えていた。宇野さんは「弱視の児童・生徒に、拡大教科書を公的に配布するよう、国会で論議してもらえないか」と語った。

文部科学省にいくども要望してきたが、少しも前進しないと言うのだ。言葉の端々《はしばし》に怒りのこもった強さを感じたが、あくまで穏やかで静かな口調だった。

宇野さんは、①普通学校に通う子どもを含めて、すべての弱視の子に必要な拡大教科書を公的に支給すること。②副教材や参考書など拡大教材の安定供給に取りくむこと――を文部科学省に求めてきた。

しかし文部科学省は、わが国の教育制度は、弱視の子どもは盲学校や弱視の特殊学級に分離して教育する制度になっており、通常の学級に在籍することは想定されていない、とくり返した。話し合いは二年以上にわたったが、その言動は変わらなかった。

文部科学省との話し合いに見切りをつけた宇野さんは、国会議員に働きかける方針に転換し、肥田さんに面談を求めてきたのである。肥田さんは、要望を聞きおえると、政策秘書のわたしにデータを収集し、国会質問の準備をするよう指示した。

盲学校や特殊学級の子どもには、国からの教科書が無償で配布されている。ところが普通学校に在籍する子どもには、何の配慮もされていない。盲学校や特殊学校の対象児が、地域の普通学校には通学しているはずがないというわけだ。だから健常児とおなじ教科書を、弱視の子どもにも配っていた。

そこでなにが起きたか。普通の教科書は、弱視の子どもには読めない。授業のときは、ルーペや音声拡大読書器などを使うことになる。弱視というハンディのうえに、補助器の使用というハンディが上乗せされるのである。クラスのなかでただ一人、視力補助の道具を使って苦闘する弱視児の胸中を想う。

■弱視児の小さな声が立法府を動かした

大きなネックは著作権法にあった。弱視の子どもの教科用図書や点字用教科書は、公表された著作物を掲載したり、点字に複製したりすることができる。しかし検定教科書を拡大した拡大教科書はボランティアが製作し、文部科学省発行ではないので著作者の許諾がとれず、本文や挿し絵、写真を削除しなければならない。

しかも出版社発行の拡大教科書は、二〇〇二年当時、一冊数万円の価格で、その費用の全額は保護者が負担していた。普通学級の弱視の子どもは、高価格の教科書で学んでいたのである。それだけに、ボランティアの人たちの拡大教科書づくりは、貴重な奉仕活動であった。当時の文部科学大臣も、これらの事実を知らなかった。

肥田さんが著作権法改正について、衆議院決算行政監視委員会で初めて質問したのは、二〇〇二年四月八日だった。拡大教科書を検定教科書と位置づけて無償にすること、文部科学省初等中等教育局は、文化庁に著作権法の改正を求めること——これが肥田議員の質問の骨法《こっぽう》だった。

国会審議は、急ピッチで進んだわけではないが、回数を重ねるごとに着実にいい方向へと向かった。二〇〇四年度から拡大教科書の無償配布が実施され、費用負担も免除され、著作権法改正の機運も生まれた。肥田さんの質問は、政府の責任を声高《こわだか》に追及するようなものではなく、弱視の子どもの置かれた状況と情報を共有し、立法府と行政府が共通の土俵の上で、相互に努力して解決に向かおうという姿勢で貫かれていた。

こんなふうである。「健常児と視覚障害児のあいだに、教育上の処遇のひらきがありますね。それに加えて、おなじ障害児なのに、点字教科書を使う子どもと拡大教科書を使う子どものあいだにも、法律や財政の面で大きな差がある。健常児であれば、著作権法第三三条で、なんの問題もなく、公表された著作物は教科用図書に掲載できる。盲学校の子どもは学校教育法第一〇七条で、教科用図書以外の教科用図書を教科書として使うことが許されている。点字教科書は、著作権法第三七条で教科用図書以外の図書も、教科書として使うことが許され、おなじく著作権法第三七条で点字に複製することができる。この二つの法律の埒外《らちがい》に置かれているのが、実は弱視児用の拡大教科書なのですね」。

教育の谷間で呻吟《しんぎん》する弱視児の子どもを、一日も早く立法府の力で救済することが、われわれ立法府に職を得た者たちのしごとではないか。これが、肥田さんの考え方だった。

遠山敦子《とおやまあつこ》文部科学大臣（当時）は、肥田さんの質問内容をよく理解され、「弱視の子どもの置かれた状況がだんだんわかってきました。法改正（著作権法）問題も考えなければならない」と言及するに至った。

二〇〇二年一〇月末、文部科学省初等中等教育局は、重い腰を上げて、ようやく著作権法改正の要望を文化庁に提出した。文化庁はただちに著作権法改正に着手し、二〇〇三年六月、国会で可決成立した。異例のスピード決着だった。

改正著作権法は二〇〇四年一月に施行され、拡大教科書をめぐる状況は一変した。検定教科書と、まったくおなじ内容の拡大教科書が出版できるようになったのだ。検定教科書に掲載されたすべての著作物は、文字・図形を拡大して、弱視の児童・生徒の学習用に複製できる。

これまで〝存在しない子〟とされてきた普通学級の弱視児も、やっと盲学校や特殊学級の児童や健常児とおなじ内容の教科書で学べるようになった。

弱視の子どもの小さな声が、バリアの一つを壊すことができたとわたしは思った。障害のある子どもにとって、心身に障害があることが不幸なのではない。不平等な教科書を使わされている状況に無知で、その状況を黙認してきた社会意識こそ、弱視児の知的欲求をさまたげるバリアであり、それこそが不幸の要因だった。

弱視の人たちは、教科書だけではなく、参考書や問題集、ドリル、文学作品、週刊誌や月刊誌、ファション誌なども「もっと読みたい」と思いつづけてきた。拡大教科書無償配布の運動は、その潜在的な活字文化・印刷文化への欲求を掘りおこすきっかけとなった。すべての本や雑誌を障害の有無にかかわらず、読める国にしようではないか。こうして読書バリアフリー法制定の歩みがだされたのである。

著作権法改正に先立つ一九九九年の夏、二〇〇〇年を子どもの読書年とする国会決議が採択され、二〇〇一年一二月には、その決議文を下敷きにした「子どもの読書活動の推進に関する法律」が議員立法で提案され制定された。二〇〇五年には、やはり議員立法で「文字・活字文化振興法」が制定された。二つの法案は、いずれも当時、衆議院議員の肥田美代子さんの発案によるもので、ノーマライゼーションの精神にのっとり、障害者の読書活動への参画に道筋をつけることが理想だった。

衆議院法制局の担当者に示した肥田草案には〝障害者〟の表現を入れる意向が記されていたが、社会保障・社会福祉法などとの関連もあり、障害者の名称を法案に盛りこむことはむずかしいという見解が示された。

法律を新しく制定する際は、憲法や現行の法体系と矛盾していないか、関係しそうな法律はすべて検証する。議員立法として具現できるかを調べあげるのだ。矛盾した法律を制定すれば、法治国家としての基盤はゆらぐ。障害者の文言を入れるかどうかに、法制局が慎重にも慎重な態度を見せたのは、そうした事情があるからだろう。

しかしさすがに法律のプロフェショナルで、肥田さんの草案は別の表現で活かされたのだった。法制局から提示された「子どもの読書活動の推進に関する法律」の法案要綱には、第二条に「すべての子どもがあらゆる機会とあらゆる場所において、自主的に読書活動をおこなうことができる」と書きこまれていた。障害者というストレートな表現ではなく、〝すべての子ども〟、〝あらゆる場所〟と記述することで、施設に入所した障害者も、この法律の対象であることを明示したのである。

文字・活字文化振興法ではさらにすすみ、基本理念（第三条）に「居住する地域、身体的条件、その他の要因にかかわらず、ひとしく豊かな文字・活字文化の恵沢を享受できる環境を整備する」と、〝身体的条件〟という言葉で、障害者の読書活動への参画をうながした。

法律づくりのプロフェショナルの背中を押したのは、弱視の子どもたちであったことはながく記憶にとどめたいものと思う。二〇〇〇年の初頭に立法府に届けられた「もっと本を読みたい」という声は、それからおよそ二〇年後の二〇一九年、読書バリアフリー法として実を結ぶ。

この読書バリアフリー法は、心身に障害のある者たちが、読書の世界への扉に向かう一本の動線にすぎない。この動線をたぐりながら、無数の障壁を壊す作業が続いていくのである。学校図書館もその改革目標の一つだ。子どもたちが読書に親しみ、学習資料に接して自己教育力を高めるには、いちばん身近な学校図書館の利用は欠かせない。

■子どもたちの心を豊かにするバリアフリー図書

バリアフリー図書は、すべての子どもの心を豊かにする文化財である。ただ不幸なことは、いつでもどこでもふれる機会が子どもたちにないことだ。読書バリアフリー法の施行により、学校図書館は新たな役割を担うことになった。

読書バリアフリー法第九条は、国、地方公共団体に対して、公立図書館、大学・高等専門学校の附属図書館、学校図書館、国立国会図書館は、視覚障害者が利用しやすい書籍を充実し、利用しやすいように支援することをうたっている。

読書バリアフリー法の施行によって、図書館の障害者サービスへの関心は高まりつつあるものの、具体的な政策の実施に取りかかった学校図書館の数はまだ少ない。地域の普通小学校や中学校は、障害のある子どもがいないことを前提にシステム化されていて、学校図書館も例外ではない。多くの児童生徒は、バリアフリー図書が世の中にあることさえ知らない。

学校司書が学校図書館にバリアフリー図書の紹介コーナーを設置し、子どもたちに多様なバリアフリー図書があることを知らせ、ともに考えあう機会をつくることが大切だと思う。

上肢障害や寝たきりの肢体不自由児、病弱児、知的障害の子どもが在籍する特別支援学校の図書館の整備も緊急の課題だ。子どもたちのニーズを把握し、点字図書館や公共図書館と連携して、ＬＬブック（やさしくて、わかりやすい図書）などの充実をはかる必要がある。

読書を支援する道具や機器の開発もすすんでいる。弱視者や低視力の子どもには、拡大鏡（ルーペ）や音声拡大読書器、点字使用者のためには点字ディスプレイ、音訳図書を楽しみたい人たちの専用プレイヤーもある。ＬＬブックや触覚を使った絵本・図鑑もある。読書を支援する道具も出まわりはじめた。文字を読みとり、肉声にちかい合成音声で、必要なところを自動的に読みあげてくれる機器の開発もすすみ、すでにスキャナー型、眼鏡型、眼鏡のフレームにつける小型機器などが発売されている。

高価な機器は、学校図書館の教材として備え、どの子も自由に活用できるチャンスをつくることが大事だと思う。読書バリアフリー法は、ながく読書文化から遠ざけられてきた障害者の知的欲求を満たすために、あらゆる政策を動員することをうながしている。「学校図書館図書整備等五か年計画」も、読書バリアフリー法が対象とする子どもたちも包含《ほうがん》したものであることを忘れてはならない。

障害者サービスに携わる人材育成も緊急の課題だ。国・自治体は、自らの責任で読書バリアフリーにかかわる専門的な知識や技術を身につけた学校司書を育てる責任がある。バリアフリー図書を充実させるうえで、専門知識を持った人材の配置は欠かせないことだ。

バリアフリー法の施行を端緒《たんしょ》に、教育のデジタル化がすすむいまこそ、学校図書館をすべての子どもたちに、人間としてよりよく生きるための知的な養分を、提供する場所にしたいものと思う。

障害のある子どもたちの学びの場が、よりよいものに進化しなければ、障害のない子どもの学びの場も、よりよいものに進化することはない。

あとがき

紙かデジタルかという二者択一の論議ほど不毛なものはない。紙とデジタルを使いわけて、自ら快適な生活をつくりあげる以外にない時代に生きているのである。子どもの生活もそうである。子どもがデジタルスクリーンにおぼれないで、それぞれの特性を適切に使いこなす術《すべ》を、わたしたち大人は教えなければならない。

デジタル機器は日進月歩で進化している。デジタル機器の使用は足跡が残され、それがビッグデータとして経済的な価値を生んできた。いまはもう、足跡を残さないテレグラムも開発され、普及しつつある。テレグラムは権力による言論統制からのがれるために開発されたもので、シークレット・チャット機能があり、第三者が見ることはむずかしく、送信メッセージも自動消去される。

二〇二三年に入って相次いだフィリピンを拠点とする特殊詐欺グループが日本の各地で犯した強盗事件は、このシークレット・チャット機能を悪用したといわれている。テレグラムは犯罪を後押しする道具ともなることを、子どもたちともよく話し合い、一緒に対策を練る必要がある。

米国の精神科医で著名な作家のヴィクトリア・L・ダンクリーは、数多くの子どもの治療体験をもとに、デジタルから子どもを守る方法を提案している著書『子どものデジタル脳 完全回復プログラム』(飛鳥新社)で、子どもの治療を通じて、デジタルスクリーン(スマホ、タブレット端末など)が

「子どもの脳を破壊する」ことを発見したことを述べている。

この本の監修者で、脳科学者・東北大学教授の川島隆太さんも、デジタル機器の使用時間の短縮を提唱している。川島さんが一〇年余の追跡調査で突きとめたのは、スマホやタブレットを使う子どもの脳は「発達がとまる」という事実だった。日米の科学者がほぼ同時期に、「デジタルスクリーンの影響」について、別々の実証実験で、類似した科学的知見を得たことは、デジタル機器の一つの特徴を物語っている。子どもの脳がこわれると、厄介《やっかい》なことが次々と起こる。川島さんは、

・学力（ＩＱ）が下がる、授業についていけない、
・物事に集中できない、すぐに気が散る。
・突然キレる、泣きわめく、など感情のコントロールができないと指摘する。

子どもの成長に必要な機能がことごとく抜けおち、川島さんによると、生きていくうえで致命的な問題がいくつも出来《しゅったい》する。文部科学省の二〇二一年の調査では、小中高でのいじめの認知件数は六一万五三五一件で、前年度にくらべて一九％、暴力行為は七万六四四一件、前年度比で一五・五％も増加している。不登校の子どもは二四万四九四〇人、前年度比で二四・九％の増加である。

不登校の要因のうち、「無気力、不安」「生活リズムの乱れ、遊び、非行」といった、本人の状況にかかわるところの比率が高い。調査結果の数値から聞こえてくるのは、情報環境の激変にとまどう、子どもたちが発信するＳＯＳの低い声だ。このＳＯＳに、デジタル機器は関与していないと言いきれ

るほどの科学的知見はどこにもない。したがって「デジタルスクリーンの影響」という視点から本格的な調査をおこない、解決策を講じる必要があると、わたしは思う。

評論社の竹下晴信社長との約束ごとを、ようやく果たすことができた。辛抱強く待っていただいたことに心から感謝申しあげたい。編集者の赤石忍さんには適切なアドバイスをいただき、あらためて著作物は、編集者と著者の協働作業のたまものであることを実感した。田辺みどりさんには、休日を利用して資料収集に協力してもらった。心から感謝の気持ちを伝えたい。

参考文献・資料

司馬遼太郎『アメリカ素描』（新潮社・一九八九年）
夏目漱石『三四郎』（岩波書店・一九九六年）
池波正太郎『青春忘れもの』（新潮社・二〇一一年）
松本清張『半生記』（新潮社・一九七〇年）
世阿弥『風姿花伝』（市村宏全訳注・講談社・二〇一一年）
城山三郎『素直な戦士たち』（新潮社・一九八二年）
時枝誠記『国語学史』（岩波書店・二〇一七年）
肥田美代子『「本」と生きる』（ポプラ社・二〇一四年）
佐藤学『第四次産業革命と教育の未来　ポストコロナ時代のＩＣＴ教育』（岩波書店・二〇二一年）
松崎泰・榊浩平／川島隆太監修『最新脳科学でついに出た結論「本の読み方」で学力は決まる』（青春出版社・二〇一八年）
野口悠紀雄『データ資本主義　21世紀ゴールドラッシュの勝者は誰か』（日本経済新聞出版社・二〇一九年）
渡辺鋭氣『依存からの脱出「障害者」自立と福祉労働運動』（現代書館・一九七七年）
ブリューゲル『ブリューゲル全作品』（森洋子編著・中央公論社・一九八八年）

中村伊知哉・石戸奈々子『デジタル教科書革命』（ソフトバンククリエイティブ・二〇一〇年）
マーガレット・ワイズ・ブラウン『おやすみなさい　おつきさま』（せた ていじ訳・評論社・二〇〇一年）
ジョージ・オーウェル『一九八四年』（高橋和久訳・早川書房・二〇〇九年）
ハンス・カロッサ『ルーマニア日記』（高橋健二訳・岩波書店・一九五三年）
ウォルト・ホイットマン『草の葉』（中）（酒本雅之訳・岩波書店・一九九八年）
アンデシュ・ハンセン『スマホ脳』（久山葉子訳・新潮社・二〇二〇年）
ホルヘ・ルイス・ボルヘス『ボルヘス、オラル』（木村榮一訳・書肆風の薔薇・一九八七年）
ニコラス・G・カー『ネット・バカ　インターネットがわたしたちの脳にしていること』（篠儀直子訳・青土社・二〇一〇年）
メアリアン・ウルフ『デジタルで読む脳×紙の本で読む脳』（大田直子訳・インターシフト　二〇二〇年）
メアリアン・ウルフ『プルーストとイカ　読書は脳をどのように変えるのか？』（小松淳子訳・インターシフト・二〇〇八年）
マーガレット・ミーク『読む力を育てる　マーガレット・ミークの読書教育論』（こだま ともこ訳・柏書房・二〇〇三年）
ユヴァル・ノア・ハラリ『21Lessons　21世紀の人類のための21の思考』（柴田裕之訳・河出書房新社・二〇一九年）
大村はま・苅谷剛彦・苅谷夏子『教えることの復権』（筑摩書房・二〇〇三年）
ミシェル・デミュルジェ『デジタル馬鹿』（鳥取絹子訳・花伝社・二〇二一年）
スティーブン・クラッシェン『読書はパワー』（長倉美恵子・黒澤浩・塚原博訳・金の星社・一九九六年）

『アメリカ教育使節団報告書』(全訳解説村井実・講談社・一九七九年)
『リレー講演　活字の学びを考える講演録』(活字の学びを考える懇談会・二〇二一年)
辻元『デジタル教科書は万能か?』(『世界』二〇二〇年五月号・岩波書店)
学校図書館問題研究会『学校司書って、こんな仕事　学びと出会いをひろげる学校図書館』(かもがわ出版・二〇一四年)
国立教育政策研究所編『生きるための知識と技能　OECD生徒の学習到達度調査(PISA)二〇一八年調査国際結果報告書』(明石書店・二〇一九年)
閣議決定『科学技術基本計画』(二〇一六年)
日本経済団体連合会『Society5.0時代の人材育成に向けた義務教育の抜本的ICT化を求める緊急提言』(二〇一九年)
経済同友会『自ら学ぶ力を育てる初等・中等教育の実現に向けて―将来を生き抜く力を身につけるために―』(二〇一九年)
大臣懇談会「Society5.0に向けた人材育成―社会が変わる、学びが変わる―」(二〇一八年)
文部省『小学校、中学校における読書活動とその指導　読書意欲を育てる』(一九八七年)
文部省『学校図書館の手引』(一九四八年)
読売新聞、朝日新聞、日本経済新聞、毎日新聞、産経新聞、佐賀新聞

著者紹介

渡辺鋭氣（わたなべ・えいき）

一九四三年長崎市に生まれる。学校図書館整備推進会議相談役。商船会社を経て、一九六八年旧日本社会党本部に入職。新聞記者、国際企画委員会事務局長、政策担当中央執行委員、企画調査局長を務める。一九九六年から衆議院議員政策秘書。二〇〇七年公益財団法人文字・活字文化推進機構設立に参画、専務理事に就任。二一年任期満了退任。子ども読書年国会決議文、子どもの読書活動の推進に関する法律案、文字・活字文化振興法案、国民読書年国会決議文などの立案づくりに参画する。

主な著書『裁かれる世界のソニー　臨時工・長南襲吉の死』（柘植書房）、『依存からの脱出「障害者」自立と福祉労働運動』（現代書館）、『人間破壊工場』（三一書房）ほか。編著『先端産業社会の夢と現実』（緑風出版）、『生き残る道　ヨーロッパ反核の潮』（労働教育センター）など。

ハイテク企業のトップは、なぜ、
わが子からスマホを遠ざけるのか
―学校図書館の使命と可能性―

2023年4月12日　初版第1刷発行

■著者　渡辺鋭氣

■発行者　竹下晴信
■発行所　株式会社評論社
〒162-0815　東京都新宿区筑土八幡町2-21
Tel 03-3260-9409(営業) / 03-3260-9403(編集)
https://www.hyoronsha.co.jp

■装幀　唐木田敏彦
■編集協力　編集室ピエトラ・ロッサ

■印刷　株式会社精興社
■製本　東京美術紙工協業組合

ISBN978-4-566-05186-7
NDC370 256P 188mm

評論社

ひとりでよめたよ！
幼年文学おすすめブックガイド200
大阪国際児童文学振興財団／編
図書館司書、児童文学研究者、書店員など、65名のエキスパートが本のみどころを紹介。子どもの読みたい気持ちに寄り添った、待望のブックガイドです。
定価2750円（税込）

「走る図書館」が生まれた日
ミス・ティットコムとアメリカで最初の移動図書館車
シャーリー・グレン／作　渋谷弘子／訳
アメリカで最初の移動図書館を実現させた、ミス・ティットコム。沢山の人に読書の喜びを伝えました。彼女の生涯を辿り、本にかけた情熱を届けます。
定価2640円（税込）

おやすみなさい　おつきさま
マーガレット・ワイズ・ブラウン／作　クレメント・ハード／絵　瀬田貞二／訳
大きな緑の部屋の中。こうさぎが眠りにつくところ。部屋中の全てのものに感謝をこめて…。アメリカで1000万部をこえて読み継がれている名作です。
定価1320円（税込）

わたしに手紙を書いて
日系アメリカ人強制収容所の子どもたちから図書館の先生へ
シンシア・グレイディ／文　アミコ・ヒラオ／絵　松川真弓／訳
戦時下、米国在住の日系人は全員強制収容所に入れられました。収容された子どもたちを決して見捨てず、困難な時期を支え続けた、図書館司書の物語です。
定価1540円（税込）

おばけとしょかん
デイヴィッド・メリング／作　山口文生／訳
ボーが本を読んでいると、明かりが消え怪しい影が…。空にとびだし、ついた所は…おばけとしょかん！おばけだって本が好き。暗闇で表紙が光ります。
定価1540円（税込）

魅惑する子どもアート
ひぐちけえこ／著　佐藤学／解説
子どもがアートと出会うとき、子どもが子どもとして登場し、アートがアートとして姿を現す。子どもとアートの発見を豊かなエピソードでつづる書。
定価2200円（税込）